वरदान

वरदान

प्रेमचंद

GYAN

वरदान

ISBN : 9788121265065 (PB)

भारत में सन् 2022 में प्रकाशित

ज्ञान पब्लिशिंग हाऊस

5, अंसारी रोड, दरियागंज,
नई दिल्ली–110002

वेब साइट: www.gyanbooks.com
ई–मेंल: books@gyanbooks.com
Phone : 011-47034999, 9811692060

मुद्रित: ज्ञान प्रेस, दिल्ली

अनुक्रम

1.

वरदान

विन्ध्याचल पर्वत मध्यरात्रि के निविड़ अन्धकार में काल देव की भाँति खड़ा था। उस पर उगे हुए छोटे–छोटे वृक्ष इस प्रकार दृष्टिगोचर होते थे, मानो ये उसकी जटाएं है और अष्टभुजा देवी का मन्दिर जिसके कलश पर श्वेत पताकाएं वायु की मन्द–मन्द तरंगों में लहरा रही थीं, उस देव का मस्तक है मंदिर में एक झिलमिलाता हुआ दीपक था, जिसे देखकर किसी धुंधले तारे का भान हो जाता था।

अर्धरात्रि व्यतीत हो चुकी थी। चारों और भयावह सन्नाटा छाया हुआ था। गंगाजी की काली तरंगें पर्वत के नीचे सुखद प्रवाह से बह रही थीं। उनके बहाव से एक मनोरंजक राग की ध्वनि निकल रही थी। ठौर–ठौर नावों पर और किनारों के आस–पास मल्लाहों के चूल्हों की आंच दिखायी देती थी। ऐसे समय में एक श्वेत वस्त्रधारिणी स्त्री अष्टभुजा देवी के सम्मुख हाथ बांधे बैठी हुई थी। उसका प्रौढ़ मुखमण्डल पीला था और भावों से कुलीनता प्रकट होती थी। उसने देर तक सिर झुकाये रहने के पश्चात कहा

'माता! आज बीस वर्ष से कोई मंगलवार ऐसा नहीं गया जबकि मैंने तुम्हारे चरणों पर सिर न झुकाया हो। एक दिन भी ऐसा नहीं गया जबकि मैंने तुम्हारे चरणों का ध्यान न किया हो। तुम जगतारिणी महारानी हो। तुम्हारी इतनी सेवा करने पर भी मेरे मन की अभिलाषा पूरी न हुई। मैं तुम्हें छोड़कर कहाँ जाऊँ?'

'माता। मैंने सैकड़ों व्रत रखे, देवताओं की उपासनाएँ की', तीर्थयात्राएँ कीं, परन्तु मनोरथ पूरा न हुआ। तब तुम्हारी शरण आयी। अब तुम्हें छोड़कर कहाँ जाऊँ? तुमने सदा अपने भक्तों की इच्छाएँ पूरी की हैं। क्या मैं तुम्हारे दरबार से निराश हो जाऊँ?'

सुवामा इसी प्रकार देर तक विनती करती रही। अकस्मात उसके चित्त पर अचेत करने वाले अनुराग का आक्रमण हुआ। उसकी आँखें बन्द हो गयीं और कान में ध्वनि आयी।

'सुवामा! मैं तुझसे बहुत प्रसन्न हूँ। माँग, क्या माँगती है?

सुवामा रोमाँचित हो गयी। उसका हृदय धड़कने लगा। आज बीस वर्ष के पश्चात महारानी ने उसे दर्शन दिये। वह कांपती हुई बोली 'जो कुछ माँगूंगी, वह महारानी देंगी?

'हाँ, मिलेगा।

'मैंने बड़ी तपस्या की है अतएव बड़ा भारी वरदान माँगूगी।'

'क्या लेगी कुबेर का धन'?

'नहीं।'

'इन्द्र का बल।'

'नहीं।'

'सरस्वती की विद्या'?

'नहीं।'

'फिर क्या लेगी'?

'संसार का सबसे उत्तम पदार्थ।'

'वह क्या है'?

'सपूत बेटा।'

'जो कुल का नाम रोशन करे?'

'नहीं।'

'जो माता–पिता की सेवा करे?'

'नहीं।'

'जो विद्वान और बलवान हो?'

'नहीं।'

'फिर सपूत बेटा किसे कहते हैं?'

'जो अपने देश का उपकार करे।'

'तेरी बुद्धि को धन्य है। जा, तेरी इच्छा पूरी होगी।'

2.

वैराग्य

मुंशी शालिग्राम बनारस के पुराने रईस थे। जीवन–वृति वकालत थी और पैतृक सम्पत्ति भी अधिक थी। दशाश्वमेध घाट पर उनका वैभवान्वित गृह आकाश को स्पर्श करता था। उदार ऐसे कि पचीस–तीस हजार की वार्षिक आय भी व्यय को पूरी न होती थी। साधु–ब्राह्मणों के बड़े श्रद्वावान थे। वे जो कुछ कमाते, वह स्वयं ब्रहमभोज और साधुओं के भंडारे एवं सत्यकार्य में व्यय हो जाता। नगर में कोई साधु–महात्मा आ जाये, वह मुंशी जी का अतिथि। संस्कृत के ऐसे विद्वान कि बड़े–बड़े पंडित उनका लोहा मानते थे वेदान्तीय सिद्वान्तों के वे अनुयायी थे। उनके चित्त की प्रवृति वैराग्य की ओर थी।

मुंशीजी को स्वभावतः बच्चों से बहुत प्रेम था। मुहल्ले–भर के बच्चे उनके प्रेम वारि से अभिसिंचित होते रहते थे। जब वे घर से निकलते थे तब बालकों का एक दल उस के साथ होता था। एक दिन कोई पाषाण–हृदय माता अपने बच्चे को मार रही थी। लड़का बिलख–बिलखकर रो रहा था। मुंशी जी से न रहा गया। दौड़े, बच्चे को गोद में उठा लिया और स्त्री के सम्मुख अपना सिर झुका दिया। स्त्री ने उस दिन से अपने लड़के को न मारने की शपथ खा ली जो मनुष्य दूसरो के बालकों का ऐसा स्नेही हो, वह अपने बालक को कितना प्यार करेगा, सो अनुमान से बाहर है। जब से पुत्र पैदा हुआ, मुंशी जी संसार के सब कार्यों से अलग हो गये। कहीं वे लड़के को

हिंडोलें में झुला रहे हैं और प्रसन्न हो रहे हैं। कहीं वे उसे एक सुन्दर सैरगाड़ी में बैठाकर स्वयं खींच रहे हैं। एक क्षण के लिए भी उसे अपने पास से दूर नहीं करते थे। वे बच्चे के स्नेह में अपने को भूल गये थे।

सुवामा ने लड़के का नाम प्रतापचन्द्र रखा था। जैसा नाम था वैसे ही उसमें गुण भी थे। वह अत्यन्त प्रतिभाशाली और रुपवान था। जब वह बातें करता, सुनने वाले मुग्ध हो जाते। भव्य ललाट दमक–दमक करता था। अंग ऐसे पुष्ट कि द्विगुण डीलवाले लड़कों को भी वह कुछ न समझता था। इस अल्प आयु ही में उसका मुख–मण्डल ऐसा दिव्य और ज्ञानमय था कि यदि वह अचानक किसी अपरिचित मनुष्य के सामने आकर खड़ा हो जाता तो वह विस्मय से ताकने लगता था।

इस प्रकार हँसते–खेलते छः वर्ष व्यतीत हो गये। आनंद के दिन पवन की भाँति सन्न–से निकल जाते हैं और पता भी नहीं चलता। वे दुर्भाग्य के दिन और विपत्ति की रातें हैं, जो काटे नहीं कटतीं। प्रताप को पैदा हुए अभी कितने दिन हुए। बधाई की मनोहारिणी ध्वनि कानों में गूंज रही थी छठी वर्षगांठ आ पहुँची। छठे वर्ष का अंत दुर्दिनों का श्रीगणेश था। मुंशी शालिग्राम का साँसारिक सम्बन्ध केवल दिखावटी था। वह निष्काम और निस्सम्बद्ध जीवन व्यतीत करते थे। यद्यपि प्रकट वह सामान्य संसारी मनुष्यों की भाँति संसार के क्लेशों से क्लेशित और सुखों से हर्षित दृष्टिगोचर होते थे, तथापि उनका मन सर्वथा उस महान और आनन्दपूर्व शांति का सुख–भोग करता था, जिस पर दु:ख के झोंकों और सुख की थपकियों का कोई प्रभाव नहीं पड़ता है।

माघ का महीना था। प्रयाग में कुम्भ का मेला लगा हुआ था। रेलगाड़ियों में यात्री रुई की भाँति भर–भरकर प्रयाग पहुँचाये जाते थे। अस्सी–अस्सी बरस के वृद्ध–जिनके लिए वर्षों से उठना कठिन हो रहा था–लंगड़ाते, लाठियां टेकते मंजिल तै करके प्रयागराज को जा रहे थे। बड़े–बड़े साधु–महात्मा, जिनके दर्शनों की इच्छा लोगों को हिमालय की अंधेरी गुफाओं में खींच ले जाती थी, उस समय गंगाजी की पवित्र तरंगों से गले मिलने के लिए आये हुए थे। मुंशी शालिग्राम का भी मन ललचाया। सुवाम से बोले–कल स्नान है।

सुवामा–सारा मुहल्ला सूना हो गया। कोई मनुष्य नहीं दीखता।

मुंशी–तुम चलना स्वीकार नहीं करती, नहीं तो बड़ा आनंद होता। ऐसा मेला तुमने कभी नहीं देखा होगा।

सुवामा–ऐसे मेला से मेरा जी घबराता है।

मुंशी–मेरा जी तो नहीं मानता। जब से सुना कि स्वामी परमानन्द जी आये हैं तब से उनके दर्शन के लिए चित्त उद्विग्न हो रहा है।

सुवामा पहले तो उनके जाने पर सहमत न हुई, पर जब देखा कि यह रोके न रुकेंगे, तब विवश होकर मान गयी। उसी दिन मुंशी जी ग्यारह बजे रात को प्रयागराज चले गये। चलते समय उन्होंने प्रताप के मुख का चुम्बन किया और स्त्री को प्रेम से गले लगा लिया। सुवामा ने उस समय देखा कि उनके नेत्र सजल हैं। उसका कलेजा धक से हो गया। जैसे चैत्र मास में काली घटाओं को देखकर कृषक का हृदय काँपने लगता है, उसी भाती मुंशीजी के नेत्रों का अश्रुपूर्ण देखकर सुवामा कम्पित हई। अश्रु की वे बूंदें वैराग्य और त्याग का अगाध समुद्र थीं। देखने में वे जैसे नन्हे जल के कण थीं, पर थीं वे कितनी गंभीर और विस्तीर्ण।

उधर मुंशी जी घर के बाहर निकले और इधर सुवामा ने एक ठंडी श्वांस ली। किसी ने उसके हृदय में यह कहा कि अब तुझे अपने पति के दर्शन न होंगे।

एक दिन बीता, दो दिन बीते, चौथा दिन आया और रात हो गयी, यहाँ तक कि पूरा सप्ताह बीत गया, पर मुंशी जी न आये। तब तो सुवामा को आकुलता होने लगी। तार दिये, आदमी दौड़ाये, पर कुछ पता न चला। दूसरा सप्ताह भी इसी प्रयत्न में समाप्त हो गया। मुंशी जी के लौटने की जो कुछ आशा शेष थी, वह सब मिट्टी में मिल गयी। मुंशी जी का अदृश्य होना उनके कुटुम्ब मात्र के लिए ही नहीं, वरन सारे नगर के लिए एक शोकपूर्ण घटना थीं। हाटों में दुकानों पर, हथाइयों में अर्थात चारों और यही वार्तालाप होता था। जो सुनता, वही शोक करता–क्या धनी, क्या निर्धन। यह शौक सबको था। उसके कारण चारों और उत्साह फैला रहता था। अब एक उदासी छा गयी।

जिन गलियों से वे बालकों का झुण्ड लेकर निकलते थे, वहाँ अब धूल उड़ रही थी। बच्चे बराबर उनके पास आने के लिए रोते और हठ करते थे। उन बेचारों को यह सुध कहाँ थी कि अब प्रमोद सभा भंग हो गयी है। उनकी माताएँ आँचल से मुख ढाँप–ढाँपकर रोती मानों उनका सगा प्रेमी मर गया है।

वैसे तो मुंशी जी के गुप्त हो जाने का रोना सभी रोते थे। परन्तु सब से गाढ़े आँसू, उन आढ़तियों और महाजनों के नेत्रों से गिरते थे, जिनके लेने–देने का लेखा अभी नहीं हुआ था। उन्होंने दस–बारह दिन जैसे–जैसे करके काटे, पश्चात एक–एक करके लेखा के पत्र दिखाने लगे। किसी ब्रह्मभोज मे सौ रुपये का घी आया है और मूल्य नहीं दिया गया। कहीं से दो–सौ का मैदा आया हुआ है। बजाज का सहस्रों का लेखा है। मन्दिर बनवाते समय एक महाजन से बीस सहस्र ऋण लिया था, वह अभी वैसे ही पड़ा हुआ है लेखा की तो यह दशा थी। सामग्री की यह दशा कि एक उत्तम गृह और तत्सम्बन्धित सामग्रियों के अतिरिक्त कोई वस्तु न थी, जिससे कोई बड़ी रकम खड़ी हो सके। भू–सम्पत्ति बेचने के अतिरिक्त अन्य कोई उपाय न था, जिससे धन प्राप्त करके ऋण चुकाया जाए।

बेचारी सुवामा सिर नीचा किए हुए चटाई पर बैठी थी और प्रतापचन्द्र अपने लकड़ी के घोड़े पर सवार आंगन में टख–टख कर रहा था कि पण्डित मोटेराम शास्त्री–जो कुल के पुरोहित थे–मुस्कराते हुए भीतर आये। उन्हें प्रसन्न देखकर निराश सुवामा चौंककर उठ बैठी कि शायद यह कोई शुभ समाचार लाये हैं। उनके लिए आसन बिछा दिया और आशा–भरी दृष्टि से देखने लगी।

पण्डितजी आसन पर बैठे और सुंघनी सूंघते हुए बोले तुमने महाजनों का लेखा देखा?

सुवामा ने निराशापूर्ण शब्दों में कहा–हाँ, देखा तो।

मोटेराम–रकम बड़ी गहरी है। मुंशीजी ने आगा–पीछा कुछ न सोचा, अपने यहाँ कुछ हिसाब–किताब न रखा।

सुवामा–हाँ अब तो यह रकम गहरी है, नहीं तो इतने रुपये क्या, एक–एक भोज में उठ गये हैं।

मोटेराम–सब दिन समान नहीं बीतते।

सुवामा–अब तो जो ईश्वर करेगा सो होगा, क्या कर सकती हूँ।

मोटेराम–हाँ ईश्वर की इच्छा तो मूल ही है, मगर तुमने भी कुछ सोचा है?

सुवामा–हाँ गाँव बेच डालूँगी।

मोटेराम–राम–राम। यह क्या कहती हो? भूमि बिक गयी, तो फिर बात क्या रह जायेगी?

मोटेराम–भला, पृथ्वी हाथ से निकल गयी, तो तुम लोगों का जीवन निर्वाह कैसे होगा?

सुवामा–हमारा ईश्वर मालिक है। वही बेड़ा पार करेगा।

मोटेराम–यह तो बड़े अफसोस की बात होगी कि ऐसे उपकारी पुरुष के लड़के बाले दु:ख भोगें।

सुवामा–ईश्वर की यही इच्छा है, तो किसी का क्या बस?

मोटेराम–भला, मैं एक युक्ति बता दूं कि सांप भी मर जाए और लाठी भी न टूटे।

सुवामा–हाँ, बतलाइए बड़ा उपकार होगा।

मोटेराम–पहले तो एक दरख्वास्त लिखवाकर कलक्टर साहिब को दे दो कि मालगुलारी माफ की जाये। बाकी रुपये का बन्दोबस्त हमारे ऊपर छोड दो। हम जो चाहेंगे करेंगे, परन्तु इलाके पर आंच ना आने पायेगी।

सुवामा–कुछ प्रकट भी तो हो, आप इतने रुपये कहाँ से लायेंगी?

मोटेराम–तुम्हारे लिए रुपये की क्या कमी है? मुंशी जी के नाम पर बिना लिखा–पढ़ी के पचास हजार रुपये का बन्दोबस्त हो जाना कोई बड़ी बात नहीं है। सच तो यह है कि रुपया रखा हुआ है, तुम्हारे मुँह से 'हाँ' निकलने की देरी है।

सुवामा–नगर के भद्र–पुरुषों ने एकत्र किया होगा?

मोटेराम–हाँ, बात–की–बात में रुपया एकत्र हो गया। साहब का इशारा बहुत था।

सुवामा–कर–मुक्ति के लिए प्रार्थना–पत्र मुझसे न लिखवाया जाएगा और मैं अपने स्वामी के नाम ऋण ही लेना चाहती हूँ। मैं सबका एक–एक पैसा अपने गाँवों ही से चुका दूँगी।

यह कहकर सुवामा ने रुखाई से मुँह फेर लिया और उसके पीले तथा शोकान्वित बदन पर क्रोध–सा झलकने लगा। मोटेराम ने देखा कि बात बिगड़ना चाहती है, तो संभलकर बोले–अच्छा, जैसे तुम्हारी इच्छा। इसमें कोई जबरदस्ती नहीं है। मगर यदि हमने तुमको किसी प्रकार का दुःख उठाते देखा, तो उस दिन प्रलय हो जायेगा। बस, इतना समझ लो।

सुवामा–तो आप क्या यह चाहते हैं कि मैं अपने पति के नाम पर दूसरों की कृतज्ञता का भार रखू? मैं इसी घर में जल मरूँगी, अनशन करते–करते मर जाऊँगी, पर किसी की उपकृत न बनूंगी।

मोटेराम–छीः छीः। तुम्हारे ऊपर निहोरा कौन कर सकता है? कैसी बात मुख से निकालती है? ऋण लेने में कोई लाज नहीं है। कौन रईस है जिस पर लाख दो लाख का ऋण न हो?

सुवामा–मुझे विश्वास नहीं होता कि इस ऋण में निहोरा है।

मोटेराम–सुवामा, तुम्हारी बुद्धि कहाँ गयी? भला, सब प्रकार के दुःख उठा लोगी पर क्या तुम्हें इस बालक पर दया नहीं आती?

मोटेराम की यह चोट बहुत कड़ी लगी। सुवामा सजलनयना हो गई। उसने पुत्र की ओर करुणा–भरी दृष्टि से देखा। इस बच्चे के लिए मैंने कौन कौन सी तपस्या नहीं की? क्या उसके भाग्य में दुःख ही बदा है। जो अमोला जलवायु के प्रखर झोंकों से बचाता जाता था, जिस पर सूर्य की प्रचण्ड किरणें न पड़ने पाती थीं, जो स्नेह–सुधा से अभी सिंचित रहता था, क्या वह आज इस जलती हुई धूप और इस आग की लपट में मुरझायेगा? सुवामा कई मिनट तक इसी चिन्ता में बैठी रही। मोटेराम मन–ही–मन प्रसन्न हो रहे थे कि अब सफलीभूत हुआ। इतने में सुवामा ने सिर उठाकर कहा–जिसके पिता ने लाखों को जिलाया–खिलाया, वह दूसरों का आश्रित नहीं बन सकता। यदि पिता का धर्म उसका सहायक होगा, तो स्वयं दस को

खिलाकर खायेगा। लड़के को बुलाते हुए 'बेटा तनिक यहाँ आओ। कल से तुम्हारी मिठाई, दूध, घी सब बन्द हो जायेंगे। रोओगे तो नहीं?' यह कहकर उसने बेटे को प्यार से बैठा लिया और उसके गुलाबी गालों का पसीना पोंछकर चुम्बन कर लिया।

प्रताप–क्या कहा? कल से मिठाई बन्द होगी? क्यों क्या हलवाई की दुकान पर मिठाई नहीं है?

सुवामा–मिठाई तो है, पर उसका रुपया कौन देगा?

प्रताप–हम बड़े होंगे, तो उसको बहुत–सा रुपया देंगे। चल, टख। टख। देख माँ, कैसा तेज घोड़ा है।

सुवामा की आँखों में फिर जल भर आया। 'हाँ हन्त। इस सौन्दर्य और सुकुमारता की मूर्ति पर अभी से दरिद्रता की आपत्तियाँ आ जायेंगी। नहीं नहीं, मैं स्वयं सब भोग लूँगी। परन्तु अपने प्राण–प्यारे बच्चे के ऊपर आपत्ति की परछाहीं तक न आने दूँगी।' माता तो यह सोच रही थी और प्रताप अपने हठी और मुँहज़ोर घोड़े पर चढ़ने में पूर्ण शक्ति से लीन हो रहा था। बच्चे मन के राजा होते हैं।

अभिप्राय यह कि मोटेराम ने बहुत जाल फैलाया। विविध प्रकार का वाक्चातुर्य दिखलाया, परन्तु सुवामा ने एक बार नहीं करके 'हाँ' न की। उसकी इस आत्मरक्षा का समाचार जिसने सुना, धन्य–धन्य कहा। लोगों के मन में उसकी प्रतिष्ठा दूनी हो गयी। उसने वही किया, जो ऐसे संतोषपूर्ण और उदार–हृदय मनुष्य की स्त्री को करना उचित था।

इसके पन्द्रहवें दिन इलाका नीलामी पर चढ़ा। पचास सहस्र रुपये प्राप्त हुए कुल ऋण चुका दिया गया। घर का अनावश्यक सामान बेच दिया गया। मकान में भी सुवामा ने भीतर से ऊँची–ऊँची दीवारें खिंचवा कर दो अलग–अलग खण्ड कर दिये। एक में आप रहने लगी और दूसरा भाड़े पर उठा दिया।

3.

नये पड़ोसियों से मेल–जोल

मुंशी संजीवनलाल, जिन्होंने सुवामा का घर भाड़े पर लिया था, बड़े विचारशील मनुष्य थे। पहले एक प्रतिष्ठित पद पर नियुक्त थे, किन्तु अपनी स्वतंत्र इच्छा के कारण अफसरों को प्रसन्न न रख सके। यहाँ तक कि उनकी रुष्टता से विवश होकर इस्तीफा दे दिया। नौकरी के समय में कुछ पूंजी एकत्र कर ली थी, इसलिए नौकरी छोड़ते ही वे ठेकेदारी की ओर प्रवृत्त हुए और उन्होंने परिश्रम द्वारा अल्पकाल में ही अच्छी सम्पत्ति बना ली। इस समय उनकी आय चार पाँच सौ मासिक से कम न थी। उन्होंने कुछ ऐसी अनुभवशालिनी बुद्धि पायी थी कि जिस कार्य में हाथ डालते, उसमें लाभ छोड़ हानि न होती थी।

मुंशी संजीवनलाल का कुटुम्ब बड़ा न था। सन्तानें तो ईश्वर ने कई दीं', पर इस समय माता–पिता के नयनों की पुतली केवल एक पुत्री ही थी। उसका नाम वृजरानी था। वही दम्पति का जीवनाश्राम थी।

प्रतापचन्द्र और वृजरानी में पहले ही दिन से मैत्री आरंभ हो गयी। आधे घंटे में दोनों चिड़ियों की भाँति चहकने लगे। विरजन ने अपनी गुड़िया, खिलौने और बाजे दिखाये, प्रतापचन्द्र ने अपनी किताबें, लेखनी और चित्र दिखाये। विरजन की माता सुशीला ने प्रतापचन्द्र को गोद में ले लिया और प्यार किया। उस दिन से वह नित्य संध्या को आता और दोनों साथ–साथ खेलते। ऐसा प्रतीत होता था कि दोनों भाई–बहिन है। सुशीला दोनों बालकों को गोद

में बैठाती और प्यार करती। घंटों टकटकी लगाये दोनों बच्चों को देखा करती, विरजन भी कभी–कभी प्रताप के घर जाती। विपत्ति की मारी सुवामा उसे देखकर अपना दुःख भूल जाती, छाती से लगा लेती और उसकी भोली–भाली बातें सुनकर अपना मन बहलाती।

एक दिन मुंशी संजीवनलाल बाहर से आये तो क्या देखते हैं कि प्रताप और विरजन दोनों दफ्तर में कुर्सियों पर बैठे हैं। प्रताप कोई पुस्तक पढ़ रहा है और विरजन ध्यान लगाये सुन रही है। दोनों ने ज्यों ही मुंशीजी को देखा उठ खड़े हुए। विरजन तो दौड़कर पिता की गोद में जा बैठी और प्रताप सिर नीचा करके एक ओर खड़ा हो गया। कैसा गुणवान बालक था। आयु अभी आठ वर्ष से अधिक न थी, परन्तु लक्षण से भावी प्रतिभा झलक रही थी। दिव्य मुखमण्डल, पतले–पतले लाल–लाल अधर, तीव्र चितवन, काले–काले भ्रमर के समान बाल उस पर स्वच्छ कपड़े मुंशी जी ने कहा–यहाँ आओ, प्रताप।

प्रताप धीरे–धीरे कुछ हिचकिचाता–सकुचाता समीप आया। मुंशी जी ने पितृवत् प्रेम से उसे गोद में बैठा लिया और पूछा–तुम अभी कौन–सी किताब पढ़ रहे थे।

प्रताप बोलने ही को था कि विरजन बोल उठी–बाबा। अच्छी–अच्छी कहानियाँ थीं। क्यों बाबा। क्या पहले चिड़ियाँ भी हमारी भाँति बोला करती थीं।

मुंशी जी मुस्कराकर बोले–हाँ। वे खूब बोलती थीं।

अभी उनके मुँह से पूरी बात भी न निकलने पायी थी कि प्रताप जिसका संकोच अब गायब हो चला था, बोला–नहीं विरजन तुम्हें भुलाते हैं ये कहानिया बनायी हुई हैं।

मुंशी जी इस निर्भीकतापूर्ण खण्डन पर खूब हँसे।

अब तो प्रताप तोते की भाँति चहकने लगा–स्कूल इतना बड़ा है कि नगर भर के लोग उसमें बैठ जायें। दीवारें इतनी ऊँची हैं, जैसे ताड़। बलदेव प्रसाद ने जो गेंद में हिट लगायी, तो वह आकाश में चला गया। बड़े मास्टर

साहब की मेज पर हरी–हरी बनात बिछी हुई है। उस पर फूलों से भरे गिलास रखे हैं। गंगाजी का पानी नीला है। ऐसे ज़ोर से बहता है कि बीच में पहाड़ भी हो तो बह जाये। वहाँ एक साधु बाबा हैं। रेल दौड़ती है सन–सन। उसका इंजिन बोलता है झक–झक। इंजिन में भाप होती है, उसी के ज़ोर से गाड़ी चलती है। गाड़ी के साथ पेड़ भी दौड़ते दिखायी देते हैं।

इस भाँति कितनी ही बातें प्रताप ने अपनी भोली–भाली बोली में कहीं। विरजन चित्र की भाँति चुपचाप बैठी सुन रही थी। रेल पर वह भी दो–तीन बार सवार हुई थी। परन्तु उसे आज तक यह ज्ञात न था कि उसे किसने बनाया और वह क्यों कर चलती है। दो बार उसने गुरुजी से यह प्रश्न किया भी था परन्तु उन्होंने यही कह कर टाल दिया कि बच्चा, ईश्वर की महिमा कोई बड़ा भारी और बलवान घोड़ा है, जो इतनी गाडियों को सन–सन खींचे लिए जाता है। जब प्रताप चुप हुआ तो विरजन ने पिता के गले हाथ डालकर कहा–बाबा। हम भी प्रताप की किताब पढ़ेंगे।

मुंशी–बेटी, तुम तो संस्कृत पढ़ती हो, यह तो भाषा है।

विरजन–तो मैं भी भाषा ही पढ़ूँगी। इसमें कैसी अच्छी–अच्छी कहानियाँ हैं। मेरी किताब में तो भी कहानी नहीं। क्यों बाबा, पढ़ना किसे कहते हैं?

मुंशी जी बंगले झांकने लगे। उन्होंने आज तक आप ही कभी ध्यान नहीं दिया था कि पढ़ना क्या वस्तु है। अभी वे माथा ही खुजला रहे थे कि प्रताप बोल उठा–मुझे पढ़ते देखा, उसी को पढ़ना कहते हैं।

विरजन–क्या मैं नहीं पढ़ती? मेरे पढ़ने को पढ़ना नहीं कहते?

विरजन सिद्धान्त कौमुदी पढ़ रही थी, प्रताप ने कहा–तुम तोते की भाँति रटती हो।

4.

एकता का सम्बन्ध पुष्ट होता है

कुछ काल से सुवामा ने द्रव्याभाव के कारण महाराजिन, कहार और दो महरियों को जवाब दे दिया था क्योंकि अब न तो उसकी कोई आवश्यकता थी और न उनका व्यय ही संभाले संभलता था। केवल एक बढ़िया महरी शेष रह गयी थी। ऊपर का काम–काज वह करती रसोई सुवामा स्वयं बना लेती। परन्तु उस बेचारी को ऐसे कठिन परिश्रम का अभ्यास तो कभी था नहीं, थोड़े ही दिनों में उसे थकान के कारण रात को कुछ ज्वर रहने लगा। धीरे–धीरे यह गति हुई कि जब देखें ज्वर विद्यमान है। शरीर भुना जाता है, न खाने की इच्छा है न पीने की। किसी कार्य में मन नहीं लगता। पर यह है कि सदैव नियम के अनुसार काम किये जाती है। जब तक प्रताप घर रहता है तब तक वह मुखाकृति को तनिक भी मलिन नहीं होने देती परन्तु ज्यों ही वह स्कूल चला जाता है, त्यों ही वह चद्दर ओढ़कर पड़ी रहती है और दिन–भर पड़े–पड़े कराहा करती है।

प्रताप बुद्धिमान लड़का था। माता की दशा प्रतिदिन बिगड़ती हई देखकर ताड़ गया कि यह बीमार है। एक दिन स्कूल से लौटा तो सीधा अपने घर गया। बेटे को देखते ही सुवामा ने उठ बैठने का प्रयत्न किया पर निर्बलता के कारण मूर्छा आ गयी और हाथ–पांव अकड़ गये। प्रताप ने उसे संभाला और उसकी ओर भर्त्सना की दृष्टि से देखकर कहा–अम्मा तुम आजकल बीमार हो क्या? इतनी दुबली क्यों हो गयी हो? देखो, तुम्हारा शरीर कितना गर्म है। हाथ नहीं रखा जाता।

सुवाम ने हँसने का उद्योग किया। अपनी बीमारी का परिचय देकर बेटे को कैसे कष्ट दे? यह नि:स्पृह और नि:स्वार्थ प्रेम की पराकाष्ठा है। स्वर को हलका करके बोली नहीं बेटा बीमार तो नहीं हूँ। आज कुछ ज्वर हो आया था, संध्या तक चंगी हो जाऊँगी। आलमारी में हलुवा रखा हुआ है निकाल लो। नहीं, तुम आओ बैठो, मैं ही निकाल देती हूँ।

प्रताप–माता, तुम मुझ से बहाना करती हो। तुम अवश्य बीमार हो। एक दिन में कोई इतना दुर्बल हो जाता है?

सुवाता–(हँसकर) क्या तुम्हारे देखने में मैं दुबली हो गयी हूँ।

प्रताप–मैं डॉक्टर साहब के पास जाता हूँ।

सुवामा–(प्रताप का हाथ पकड़कर) तुम क्या जानों कि वे कहाँ रहते हैं?

प्रताप–पूछते–पूछते चला जाऊँगा।

सुवामा कुछ और कहना चाहती थी कि उसे फिर चक्कर आ गया। उसकी आँखें पथरा गयीं। प्रताप उसकी यह दशा देखते ही डर गया। उससे और कुछ तो न हो सका, वह दौड़कर विरजन के द्वार पर आया और खड़ा होकर रोने लगा।

प्रतिदिन वह इस समय तक विरजन के घर पहुँच जाता था। आज जो देर हुई तो वह अकुलायी हुई इधर–उधर देख रही थी। अकस्मात द्वार पर झांकने आयी, तो प्रताप को दोनों हाथों से मुख ढंके हुए देखा। पहले तो समझी कि इसने हँसी से मुख छिपा रखा है। जब उसने हाथ हटाये तो आँसू दीख पड़े। चौंककर बोली–लल्लू क्यों रोते हो? बता दो।

प्रताप ने कुछ उत्तर न दिया, वरन और सिसकने लगा।

विरजन बोली–न बताओगे! क्या चाची ने कुछ कहा? जाओ, तुम चुप नही होते।

प्रताप ने कहा–नहीं, विरजन, माँ बहुत बीमार है।

यह सुनते ही वृजरानी दौड़ी और एक साँस में सुवामा के सिरहाने जा खड़ी हुई। देखा तो वह सुन्न पड़ी हुई है, आँखे मुंद हुई हैं और लम्बी साँसे

ले रही हैं। उनका हाथ थाम कर विरजन झिंझोड़ने लगी–चाची, कैसी जी है, आँखें खोलों, कैसा जी है?

परन्तु चाची ने आँखें न खोली। तब वह ताक पर से तेल उतारकर सुवामा के सिर पर धीरे–धीरे मलने लगी। उस बेचारी को सिर में महीनों से तेल डालने का अवसर न मिला था, ठण्डक पहुँची तो आँखें खुल गयीं।

विरजन–चाची, कैसा जी है? कहीं दर्द तो नहीं है?

सुवामा–नहीं, बेटी दर्द कहीं नहीं है। अब मैं बिल्कुल अच्छी हूँ। भैया कहाँ हैं?

विरजन–वह तो मेरे घर है, बहुत रो रहे हैं।

सुवामा–तुम जाओ, उसके साथ खेलो, अब मैं बिल्कुल अच्छी हूँ।

अभी ये बातें हो रही थीं कि सुशीला का भी शुभागमन हुआ। उसे सुवामा से मिलने की तो बहुत दिनों से उत्कष्ठा थी, परन्तु कोई अवसर न मिलता था।

इस समय वह सांत्वना देने के बहाने आ पहुँची। विरजन ने अपनी माता को देखा तो उछल पड़ी और ताली बजा–बजाकर कहने लगी–माँ आयी, माँ आयी।

दोनों स्त्रीयों में शिष्टाचार की बातें होने लगीं। बातों–बातों में दीपक जल उठा। किसी को ध्यान भी न हुआ कि प्रताप कहाँ है। थोड़ी देर तक तो वह द्वार पर खड़ा रोता रहा,फिर झटपट आँखें पोंछकर डॉक्टर किचलू के घर की ओर लपकता हुआ चला। डॉक्टर साहब मुंशी शालिग्राम के मित्रों में से थे। और जब कभी काम पड़ता, तो वे ही बुलाये जाते थे। प्रताप को केवल इतना विदित था कि वे बरना नदी के किनारे लाल बंगले में रहते हैं। उसे अब तक अपने मुहल्ले से बाहर निकलने का कभी अवसर न पड़ा था। परन्तु उस समय मातृ भक्ती के वेग से उद्विग्न होने के कारण उसे इन रुकावटों का कुछ भी ध्यान न हुआ। घर से निकलकर बाजार में आया और एक इक्केवान से बोला–लाल बंगले चलोगे? लाल बंगला प्रसिद्ध स्थान था। इक्कावान तैयार हो गया। आठ बजते–बजते डॉक्टर साहब की फिटन सुवामा के द्वार पर आ

पहुँची। यहाँ इस समय चारों ओर उसकी खोज हो रही थी कि अचानक वह सवेग पैर बढ़ाता हुआ भीतर गया और बोला—पर्दा करो। डॉक्टर साहब आते हैं।

सुवामा और सुशीला दोनों चौंक पड़ी। समझ गयीं, यह डॉक्टर साहब को बुलाने गया था। सुवामा ने प्रेमाधिक्य से उसे गोदी में बैठा लिया डर नहीं लगा? हमको बताया भी नहीं यों ही चले गये? तुम खो जाते तो मैं क्या करती? ऐसा लाल कहाँ पाती? यह कहकर उसने बेटे को बार—बार चूम लिया। प्रताप इतना प्रसन्न था, मानों परीक्षा में उत्तीर्ण हो गया। थोड़ी देर में पर्दा हुआ और डॉक्टर साहब आये। उन्होंने सुवामा की नाड़ी देखी और सांत्वना दी। वे प्रताप को गोद में बैठाकर बातें करते रहे। औषधियाँ साथ ले आये थे। उसे पिलाने की सम्मति देकर नौ बजे बंगले को लौट गये। परन्तु जीर्णज्वर था, अतएव पूरे मास—भर सुवामा को कड़वी—कड़वी औषधियाँ खानी पड़ीं। डॉक्टर साहब दोनों वक्त आते और ऐसी कृपा और ध्यान रखते, मानो सुवामा उनकी बहिन है। एक बार सुवामा ने डरते—डरते फीस के रुपये एक पात्र में रखकर सामने रखे। पर डॉक्टर साहब ने उन्हें हाथ तक न लगाया। केवल इतना कहा—इन्हें मेरी ओर से प्रताप को दे दीजिएगा, वह पैदल स्कूल जाता है, पैरगाड़ी मोल ले लेगा।

विरजन और उनकी माता दोनों सुवामा की शुश्रूषा के लिए उपस्थित रहतीं। माता चाहे विलम्ब भी कर जाए, परन्तु विरजन वहाँ से एक क्षण के लिए भी न टलती। दवा पिलाती, पान देती जब सुवामा का जी अच्छा होता तो वह भोली भोली बातों द्वारा उसका मन बहलाती। खेलना—कूदना सब छूट गया। जब सुवामा बहुत हठ करती तो प्रताप के संग बाग में खेलने चली जाती। दीपक जलते ही फिर आ बैठती और जब तक निद्रा के मारे झुक—झुक न पड़ती, वहाँ से उठने का नाम न लेती वरन प्रायः वहीं सो जाती, रात को नौकर गोद में उठाकर घर ले जाता। न जाने उसे कौन—सी धुन सवार हो गयी थी।

एक दिन वृजरानी सुवामा के सिरहाने बैठी पंखा झल रही थी। न जाने किस ध्यान में मग्न थी। आँखें दीवार की ओर लगी हुई थीं। और जिस प्रकार

वृक्षों पर कौमुदी लहराती है, उसी भाँति भीनी–भीनी मुस्कान उसके अधरों पर लहरा रही थी। उसे कुछ भी ध्यान न था कि चाची मेरी ओर देख रही हैं। अचानक उसके हाथ से पंखा छूट गया। ज्यों ही वह उसको उठाने के लिए झुकी कि सुवामा ने उसे गले लगा लिया। और पुचकार कर पूछा–विरजन, सत्य कहो, तुम अभी क्या सोच रही थीं?

विरजन ने माथा झुका लिया और कुछ लज्जित होकर कहा–कुछ नहीं, तुमको न बतलाऊँगी।

सूवामा–मेरी अच्छी विरजन। बता तो क्या सोचती थी?

विरजन–(लजाते हुए) सोचती थी कि.....जाओ हँसो मत......न बतलाऊँगी।

सुवामा–अच्छा ले, न हसूँगी, बताओ। ले यही तो अब अच्छा नहीं लगता, फिर मैं आँखें मूंद लूँगी।

विरजन–किसी से कहोगी तो नहीं?

सुवामा–नहीं, किसी से न कहूँगी।

विरजन–सोचती थी कि जब प्रताप से मेरा विवाह हो जायेगा, तब बड़े आनन्द से रहूँगी।

सुवामा ने उसे छाती से लगा लिया और कहा–बेटी, वह तो तेरा भाई है।

विरजन–हाँ भाई है। मैं जान गई। तुम मुझे बहू न बनाओगी।

सुवामा–आज लल्लू को आने दो, उससे पूछूँ देखूँ क्या कहता है?

विरजन–नही, नही, उनसे न कहना मैं तुम्हारे पैरों पडूं।

सुवामा–मैं तो कह दूँगी।

विरजन–तुम्हें हमारी कसम, उनसे न कहना।

5.

शिष्ट–जीवन के दृश्य

दिन जाते देर नहीं लगती। दो वर्ष व्यतीत हो गये। पण्डित मोटेराम नित्य प्रातः काल आते और सिद्धान्त–कोमुदी पढ़ाते, परन्त अब उनका आना केवल नियम पालने के हेतू ही था, क्योंकि इस पुस्तक के पढ़ने में अब विरजन का जी न लगता था। एक दिन मुंशी जी इंजीनियर के दफतर से आये। कमरे में बैठे थे। नौकर जूते का फीता खोल रहा था कि रधिया महरी मुस्कराती हुई घर में से निकली और उनके हाथ में मुँह छाप लगा हुआ लिफाफा रख, मुँह फेर हँसने लगी। सिरना पर लिखा हुआ था–श्रीमान बाबा साह की सेवा में प्राप्त हो।

मुंशी–अरे, तू किसका लिफाफा ले आयी? यह मेरा नहीं है।

महरी–सरकार ही का तो है, खोलें तो आप।

मुंशी–किसने दिया।

बोली–आप खोलेंगे तो पता चल जायेगा।

मुंशी जी ने विस्मित होकर लिफाफा खोला। उसमें से जो पत्र–निकला उसमें यह लिखा हुआ था–

बाबा को विरजन का प्रमाण और पालागन पहुँचे। यहाँ आपकी कृपा से कुशल मंगल है आपका कुशल श्री विश्वनाथजी से सदा मनाया करती हूँ। मैंने प्रताप से भाषा सीख ली। वे स्कूल से आकर संध्या को मुझे नित्य पढ़ाते हैं।

अब आप हमारे लिए अच्छी–अच्छी पुस्तकें लाइए, क्योंकि पढ़ना ही जी का सुख है और विद्या अमूल्य वस्तु है। वेद–पुराण में इसका महात्मय लिखा है। मनुष्य को चाहिए कि विद्या–धन तन–मन से एकत्र करे। विद्या से सब दुख हो जाते हैं। मैंने कल बैताल–पचीसी की कहानी चाची को सुनायी थी। उन्होंने मुझे एक सुन्दर गुड़िया पुरस्कार में दी है। बहुत अच्छी है। मैं उसका विवाह करूँगी, तब आपसे रुपये लूँगी। मैं अब पण्डितजी से न पढूँगी। माँ नहीं जानती कि मैं भाषा पढ़ती हूँ। प्रशस्ति देखते ही मुंशी जी के अन्तः करण में गुदगुद होने लगी।फिर तो उन्होंने एक ही साँस में सारी चिट्ठी पढ़ डाली। मारे आनन्द के हँसते हुए नंगे–पांव भीतर दौड़े। प्रताप को गोद में उठा लिया और फिर दोनों बच्चों का हाथ पकड़े हुए सुशीला के पास गये। उसे चिट्ठी दिखाकर कहा–बूझो किसकी चिट्ठी है?

सुशीला–लाओ, हाथ में दो, देखूं।

मुंशी जी–नहीं, वहीं से बैठी–बैठी बताओ जल्दी।

सुशीला–बूझ जाऊँ तो क्या दोगे?

मुंशी जी–पचास रुपये, दूध के धोये हुए।

सुशीला–पहिले रुपये निकालकर रख दो, नहीं तो मुकर जाओगे।

मुंशी जी–मुकरने वाले को कुछ कहता हूँ, अभी रुपये लो। ऐसा कोई टुटपुंजिया समझ लिया है?

यह कहकर दस रुपये का एक नोट जैसे निकालकर दिखाया।

सुशीला–कितने का नोट है?

मुंशीजी–पचास रुपये का, हाथ से लेकर देख लो।

सुशीला–ले लूँगी, कहे देती हूँ।

मुंशीजी–हाँ–हाँ, ले लेना, पहले बता तो सही।

सुशीला–लल्लू का है लाइये नोट, अब मैं न मानूंगी। यह कहकर उठी और मुंशीजी का हाथ थाम लिया।

मुंशीजी–ऐसा क्या डकैती है? नोट छीने लेती हो।

सुशीला–वचन नहीं दिया था? अभी से विचलने लगे।

मुंशीजी–तुमने बूझा भी, सर्वथा भ्रम में पड़ गयीं।

सुशीला–चलो–चलो, बहाना करते हो, नोट हड़पने की इच्छा है। क्यों लल्लू, तुम्हारी ही चिट्ठी है न?

प्रताप नीची दृष्टि से मुंशीजी की ओर देखकर धीरे–से बोला–मैंने कहाँ लिखी?

मुंशीजी–लजाओ, लजाओ।

सुशीला–वह झूठ बोलता है। उसी की चिट्ठी है, तुम लोग गँठकर आये हो।

प्रताप–मेरी चिट्ठी नहीं है, सच। विरजन ने लिखी है।

सुशीला चकित होकर बोली–विरजन की? फिर उसने दौड़कर पति के हाथ से चिट्ठी छीन ली और भौंचक्की होकर उसे देखने लगी, परन्तु अब भी विश्वास न आया।

विरजन से पूछा–क्यों बेटी, यह तुम्हारी लिखी है?

विरजन ने सिर झुकाकर कहा–हाँ।

यह सुनते ही माता ने उसे कंठ से लगा लिया।

अब आज से विरजन की यह दशा हो गयी कि जब देखिए लेखनी लिए हुए पन्ने काले कर रही है। घर के धन्धों से तो उस पहले ही कुछ प्रयोजन न था, लिखने का आना सोने में सोहागा हो गया। माता उसकी तल्लीनता देख–देखकर प्रमुदित होती पिता हर्ष से फूला न समाता, नित्य नवीन पुस्तकें लाता कि विरजन सयानी होगी, तो पढ़ेगी। यदि कभी वह अपने पांव धो लेती, या भोजन करके अपने ही हाथ धोने लगती तो माता महरियों पर बहुत कुद्ध होती–आँखें फूट गयी हैं। चर्बी छा गई है। वह अपने हाथ से पानी उड़ेल रही है और तुम खड़ी मुँह ताकती हो।

इसी प्रकार काल बीतता चला गया, विरजन का बारहवां वर्ष पूर्ण हआ, परन्तु अभी तक उसे चावल उबालना तक न आता था। चूल्हे के सामने बैठने

का कभी अवसर ही न आया। सुवामा ने एक दिन उसकी माता ने कहा—बहिन विरजन सयानी हुई, क्या कुछ गुन—ढंग सिखाओगी।

सुशीला—क्या कहूँ, जी तो चाहता है कि लग्गा लगाऊं परन्तु कुछ सोचकर रुक जाती हूँ।

सुवामा—क्या सोचकर रुक जाती हो?

सुशीला—कुछ नहीं आलस आ जाता है।

सुवामा—तो यह काम मुझे सौंप दो। भोजन बनाना स्त्रियों के लिए सबसे आवश्यक बात है।

सुशीला—अभी चूल्हे के सामने उससे बैठा न जायेगा।

सुवामा—काम करने से ही आता है।

सुशीला—(झेंपते हुए) फूल—से गाल कुम्हला जायेंगे।

सुवामा—(हँसकर) बिना फूल के मुरझाये कहीं फल लगते हैं?

दूसरे दिन से विरजन भोजन बनाने लगी। पहले दस—पाँच दिन उसे चूल्हे के सामने बैठने में बड़ा कष्ट हुआ। आग न जलती, फूंकने लगती तो नेत्रों से जल बहता। वे बूटी की भाँति लाल हो जाते। चिनगारियों से कई रेशमी साड़ियां सत्यानाश हो गयीं। हाथों में छाले पड़ गये। परन्तु क्रमशः सारे क्लेश दूर हो गये। सुवामा ऐसी सुशीला स्त्री थी कि कभी रुष्ट न होती, प्रतिदिन उसे पुचकारकर काम में लगाये रहती।

अभी विरजन को भोजन बनाते दो मास से अधिक न हुए होंगे कि एक दिन उसने प्रताप से कहा—लल्लू, मुझे भोजन बनाना आ गया।

प्रताप—सच।

विरजन—कल चाची ने मेरा बनाया भोजन किया था। बहुत प्रसन्न हुए।

प्रताप—तो भई, एक दिन मुझे भी नेवता दो।

विरजन ने प्रसन्न होकर कहा—अच्छा, कल।

दूसरे दिन नौ बजे विरजन ने प्रताप को भोजन करने के लिए बुलाया। उसने जाकर देखा तो चौका लगा हुआ है। नवीन मिट्टी की मीठी—मीठी

सुगन्ध आ रही है। आसन स्वच्छता से बिछा हुआ है। एक थाली में चावल और चपातियाँ हैं। दाल और तरकारियाँ अलग–अलग कटोरियों में रखी हुई हैं। लोटा और गिलास पानी से भरे हुए रखे हैं। यह स्वच्छता और ढंग देखकर प्रताप सीधा मुंशी संजीवनलाल के पास गया और उन्हें लाकर चौके के सामने खड़ा कर दिया। मुंशीजी खुशी से उछल पड़े। चट कपड़े उतार, हाथ–पैर धो प्रताप के साथ चौके में जा बैठे। बेचारी विरजन क्या जानती थी कि महाशय भी बिना बुलाये पाहुने हो जायेंगे। उसने केवल प्रताप के लिए भोजन बनाया था। वह उस दिन बहुत लजायी और दबी आँखों से माता की ओर देखने लगी। सुशीला ताड़ गयी। मुस्कराकर मुंशीजी से बोली–तुम्हारे लिए अलग भोजन बना है। लड़कों के बीच में क्या जाके कूद पड़े?

वृजरानी ने लजाते हुए दो थालियों में थोड़ा–थोड़ा भोजन परोसा।

मुंशीजी–विरजन ने चपातियाँ अच्छी बनायी हैं। नर्म, श्वेत और मीठी।

प्रताप–मैंने ऐसी चपातियाँ कभी नहीं खायीं। सालन बहुत स्वादिष्ट है।

'विरजन! चाचा को शोरवेदार आलू दो,' यह कहकर प्रताप हँसने लगा। विरजन ने लजाकर सिर नीचे कर लिया। पतीली शुष्क हो रही थी।

सुशीली–(पति से) अब उठोगे भी, सारी रसोई चट कर गये, तो भी अड़े बैठे हो!

मुंशीजी–क्या तुम्हारी राल टपक रही है?

निदान दोनों रसोई की इतिश्री करके उठे। मुंशीजी ने उसी समय एक मोहर निकालकर विरजन को पुरस्कार में दी।

6.

डिप्टी श्यामाचरण

डिप्टी श्यामाचरण की धाक सारे नगर में छायी हई थी। नगर में कोई ऐसा हाकिम न था जिसकी लोग इतनी प्रतिष्ठा करते हों। इसका कारण कुछ तो यह था कि वे स्वभाव के मिलनसार और सहनशील थे और कुछ यह कि रिश्वत से उन्हें बड़ी घृणा थी। न्याय–विचार ऐसी सूक्ष्मता से करते थे कि दस–बाहर वर्ष के भीतर कदाचित उनके दो–ही चार फैसलों की अपील हुई होगी। अंग्रेजी का एक अक्षर न जानते थे, परन्तु बैरिस्टरों और वकीलों को भी उनकी नैतिक पहुँच और सूक्ष्मदर्शिता पर आश्चर्य होता था। स्वभाव में स्वाधीनता कूट–कूट भरी थी। घर और न्यायालय के अतिरिक्त किसी ने उन्हें और कहीं आते–जाते नहीं देखा। मुशी शालिग्राम जब तक जीवित थे, या यों कहिए कि वर्तमान थे, तब तक कभी–कभी चितविनोदार्थ उनके यहां चले जाते थे। जब वे लुप्त हो गये, डिप्टी साहब ने घर छोडकर हिलने की शपथ कर ली। कई वर्ष हुए एक बार कलक्टर साहब को सलाम करने गये थे खानसामा ने कहा–साहब स्नान कर रहे हैं दो घंटे तक बरामदे में एक मोढे पर बैठे प्रतीक्षा करते रहे। तदनन्तर साहब बहादुर हाथ में एक टेनिस बैट लिये हुए निकले और बोले–बाबू साहब, हमको खेद है कि आपको हमारी बाट देखनी पड़ी। मुझे आज अवकाश नहीं है। क्लब–घर जाना है। आप फिर कभी आवें।

यह सुनकर उन्होंने साहब बहादुर को सलाम किया और इतनी–सी बात पर फिर किसी अंग्रेजी की भेंट को न गये। वंश, प्रतिष्ठा और आत्म–गौरव

पर उन्हें बडा अभिमान था। वे बड़े ही रसिक पुरूष थे। उनकी बातें हास्य से पूर्ण होती थीं। संध्या के समय जब वे कतिपय विशिष्ट मित्रों के साथ वारांगण में बैठते, तो उनके उच्च हास्य की गूंजती हुई प्रतिध्वनि वाटिका से सुनायी देती थी। नौकरो चाकरों से वे बहुत सरल व्यवहार रखते थे, यहाँ तक कि उनके संग अलाव के बेठने में भी उनको कुछ संकोच न था। परन्तु उनकी धाक ऐसी छाई हुई थी कि उनकी इस सज्जनता से किसी को अनुचित लाभ उठाने का साहस न होता था। चाल–ढाल सामान्य रखते थे। कोट–पतलून से उन्हें घृणा थी। बटनदार ऊँची अचकन, उस पर एक रेशमी काम की अबा, काला शिमला, ढीला पाजामा और दिल्लीवाला नोकदार जूता उनकी मुख्य पोशाक थी। उनके दुहरे शरीर, गुलाबी चेहरे और मध्यम डील पर जितनी यह पोशाक शोभा देती थी, उनकी कोट पतलून से सम्भव न थी। यद्यपि उनकी धाक सारे नगर–भर में फैली हई थी, तथापि अपने घर के मण्डलान्तगर्त उनकी एक न चलती थी। यहाँ उनकी सुयोग्य आंगिनी का साम्राज्य था। वे अपने अधिकृत प्रान्त में स्वच्छन्दतापूर्वक शासन करती थीं। कई वर्ष व्यतीत हुए डिप्टी साहब ने उनकी इच्छा के विरूद्व एक महराजिन नौकर रख ली थी। महराजिन कुछ रंगीली थी। प्रेमवती अपने पति की इस अनुचित कृति पर ऐसी रूष्ट हुई कि कई सप्ताह तक कोपभवन में बैठी रही। निदान विवश होकर साहब ने महराजिन को विदा कर दिया। तब से उन्हें फिर कभी गृहस्थी के व्यवहार में हस्तक्षेप करने का साहस न हुआ।

मुंशीजी के दो बेटे और एक बेटी थी। बडा लडका साधाचरण गत वर्ष डिग्री प्राप्त करके इस समय रूड़की कालेज में पढाता था। उसका विवाह फतहपुर–सीकरी के एक रईस के यहाँ हुआ था। मंझली लड़की का नाम सेवती था। उसका भी विवाह प्रयाग के एक धनी घराने में हुआ था। छोटा लडका कमलाचरण अभी तक अविवाहित था। प्रेमवती ने बचपन से ही लाड–प्यार करके उसे ऐसा बिगाड दिया था कि उसका मन पढ़ने–लिखने में तनिक भी नहीं लगता था। पन्द्रह वर्ष का हो चुका था, पर अभी तक सीधा–सा पत्र भी न लिख सकता था। इसलिए वहाँ से भी वह उठा लिया गया। तब एक मास्टर साहब नियुक्त हुए और तीन महीने रहे परन्तु इतने दिनों

में कमलाचरण ने कठिनता से तीन पाठ पढ़े होंगें। निदान मास्टर साहब भी विदा हो गये। तब डिप्टी साहब ने स्वयं पढ़ाना निश्चित किया। परन्तु एक ही सप्ताह में उन्हें कई बार कमला का सिर हिलाने की आवश्यकता प्रतीत हुई। साक्षियों के बयान और वकीलों की सूक्ष्म आलोचनाओं के तत्व को समझना कठिन नहीं है, जितना किसी निरुत्साही लड़के के मन में शिक्षा–रूचि उत्पन्न करना है।

प्रेमवती ने इस मारधाड पर ऐसा उत्पात मचाया कि अन्त में डिप्टी साहब ने भी झल्लाकर पढ़ाना छोड दिया। कमला कुछ ऐसा रूपवान, सुकुमार और मधुरभाषी था कि माता उसे सब लड़कों से अधिक चाहती थी। इस अनुचित लाड–प्यार ने उसे पतंग, कबूतरबाजी और इसी प्रकार के अन्य कुव्यसनों का प्रेमी बना दिया था। सबरे हुआ और कबूतर उड़ाये जाने लगे, बटेरों के जोड़े छूटने लगे, संध्या हुई और पंतग के लम्बे–लम्बे पेच होने लगे। कुछ दिनों में जुए का भी चस्का पड चला था। दपर्ण, कंघी और इत्र–तेल में तो मानों उसके प्राण ही बसते थे।

प्रेमवती एक दिन सुवामा से मिलने गयी हुई थी। वहाँ उसने वृजरानी को देखा और उसी दिन से उसका जी ललचाया हुआ था कि वह बहू बनकर मेरे घर में आये, तो घर का भाग्य जाग उठे। उसने सुशीला पर अपना यह भाव प्रगट किया। विरजन का तेरहवां आरम्भ हो चुका था। पति–पत्नी में विवाह के सम्बन्ध में बातचीत हो रही थी। प्रेमवती की इच्छा पाकर दोनों फूले न समाये। एक तो परिचित परिवार, दूसरे कुलीन लडका, बुद्धिमान और शिक्षित, पैतृक सम्पति अधिक। यदि इनमें नाता हो जाए तो क्या पूछना। चटपट रीति के अनुसार संदेश कहला भेजा।

. इस प्रकार संयोग ने आज उस विषैले वृक्ष का बीज बोया, जिसने तीन ही वर्ष में कुल का सर्वनाश कर दिया। भविष्य हमारी दृष्टि से कैसा गुप्त रहता है?

ज्यों ही संदेशा पहुँचा, सास, ननद और बहू में बातें होने लगी।

बहू(चन्द्रा)–क्यों अम्माँ क्या आप इसी साल ब्याह करेंगी?

प्रेमवती—और क्या, तुम्हारे लालाली के मानने की देर है।

बहू—कुछ तिलक—दहेज भी ठहरा

प्रेमवती—तिलक—दहेज ऐसी लडकियों के लिए नहीं ठहराया जाता। जब तुला पर लड़की लड़के के बराबर नहीं ठहरती,तभी दहेज का पासंग बनाकर उसे बराबर कर देते हैं। हमारी वृजरानी कमला से बहुत भारी है।

सेवती—कुछ दिनों घर में खूब धूमधाम रहेगी। भाभी गीत गायेंगी। हम ढोल बजायेंगें। क्यों भाभी?

चन्द्रा—मुझे नाचना गाना नहीं आता।

चन्द्रा का स्वर कुछ भद्दा था, जब गाती, स्वर—भंग हो जाता था। इसलिए उसे गाने से चिढ थी।

सेवती—यह तो तुम आप ही करो। तुम्हारे गाने की तो संसार में धूम है।

चन्द्रा जल गयी, तीखी होकर बोली—जिसे नाच—गाकर दूसरों को लुभाना हो, वह नाचना—गाना सीखे।

सेवती—तुम तो तनिक—सी हँसी में रूठ जाती हो। जरा वह गीत गाओ तो—तुम तो श्याम बड़े बेख़बर हो। इस समय सुनने को बहुत जी चाहता है। महीनों से तुम्हारा गाना नहीं सुना।

चन्द्रा—तुम्ही गाओ, कोयल की तरह कूकती हो।

सेवती—लो, अब तुम्हारी यही चाल अच्छी नहीं लगती। मेरी अच्छी भाभी, तनिक गाओ।

चन्द्रा—मैं इस समय न गाऊँगी। क्यों मुझे कोई डोमनी समझ लिया है?

सेवती—मैं तो बिन गीत सुने आज तुम्हारा पीछा न छोड़ूंगी।

सेवती का स्वर परम सुरीला और चिताकर्षक था। रूप और आकृति भी मनोहर, कुन्दन वर्ण और रसीली आँखें। प्याजी रंग की साडी उस पर खूब खिल रही थी। वह आप—ही—आप गुनगुनाने लगी:

तुम तो श्याम बड़े बेखबर हो...तुम तो श्याम।

आप तो श्याम पीयो दूध के कुल्हड, मेरी तो पानी पै गुजर–पानी पै गुजर हो। तुम तो श्याम...

दूध के कुल्हड पर वह हँस पड़ी। प्रेमवती भी मुस्करायी, परन्तु चन्द्रा रूष्ट हो गयी। बोली –बिना हँसी की हँसी हमें नहीं आती। इसमें हँसने की क्या बात है?

सेवती–आओ, हम तुम मिलकर गायें।

चन्द्रा–कोयल और कौए का क्या साथ?

सेती–क्रोध तो तुम्हारी नाक पर रहता है।

चन्द्रा–तो हमें क्यों छेडती हो? हमें गाना नहीं आता, तो कोई तुमसे निन्दा करने तो नहीं जाता।

'कोई' का संकेत राधाचरण की ओर था। चन्द्रा में चाहे और गुण न हों, परन्तु पति की सेवा वह तन–मन से करती थी। उसका तनिक भी सिर धमका कि इसके प्राण निकला। उनको घर आने में तनिक देर हुई कि वह व्याकुल होने लगी। जब से वे रूड़की चले गये, तब से चन्द्रा का हँसना–बोलना सब छूट गया था। उसका विनोद उनके संग चला गया था। इन्हीं कारणों से राधाचरण को स्त्री का वशीभूत बना दिया था। प्रेम, रूप–गुण, आदि सब त्रुटियों का पूरक है।

सेवती–निन्दा क्यों करेगा, 'कोई' तो तन–मन से तुम पर रीझा हुआ है।

चन्द्रा–इधर कई दिनों से चिट्ठी नहीं आयी।

सेवती–तीन–चार दिन हुए होंगे।

चन्द्रा–तुमसे तो हाथ–पैर जोड़ कर हार गयी। तुम लिखती ही नहीं।

सेवती–अब वे ही बातें प्रतिदिन कौन लिखे, कोई नयी बात हो तो लिखने को जी भी चाहे।

चन्द्रा–आज विवाह के समाचार लिख देना। लाऊँ कलम–दवात?

सेवती–परन्तु एक शर्त पर लिखूँगी।

चन्द्रा–बताओ।

सेवती—तुम्हें श्यामवाला गीत गाना पड़ेगा।

चन्द्रा—अच्छा गा दूँगी। हँसने को जी चाहता है न? हँस लेना।

सेवती—पहले गा दो तो लिखूं।

चन्द्रा—न लिखोगी। फिर बातें बनाने लगोगी।

सेवती—तुम्हारी शपथ, लिख दूँगी, गाओ।

चन्द्रा गाने लगी—

तुम तो श्याम बड़े बेखबर हो। तुम तो श्याम पीयो दूध के कूल्हड़, मेरी तो पानी पै गुजर पानी पे गुजर हो। तुम तो श्याम बडे बेखबर हो।

अन्तिम शब्द कुछ ऐसे बेसुरे निकले कि हँसी को रोकना कठिन हो गया। सेवती ने बहुत रोका पर न रुक सकी। हँसते—हँसते पेट में बल पड़ गया। चन्द्रा ने दूसरा पद गया:

आप तो श्याम रक्खो दो—दो लुगइयाँ, मेरी तो आपी पै नजर, आपी पै नजर हो। तुम तो श्याम....

'लुगइयाँ' पर सेवती हँसते—हँसते लोट गयी। चन्द्रा ने सजल नेत्र होकर कहा—अब तो बहुत हँस चुकीं। लाऊँ कागज?

सेवती—नहीं, नहीं, अभी तनिक हँस लेने दो।

सेवती हँस रही थी कि बाबू कमलाचरण का बाहर से शुभागमन हुआ, पन्द्रह सोलह वर्ष की आयु थी। गोरा—गोरा गेहुंआ रंग। छरहरा शरीर, हँसमुख, भड़कीले वस्त्रों से शरीर को अलंकृत किये, इत्र में बसे, नेत्रों में सुरमा, अधर पर मुस्कान और हाथ में बुलबुल लिये आकर चारपाई पर बैठ गये।

सेवती बोली—कमलू। मुँह मीठा कराओ, तो तुम्हें ऐसे शुभ समाचार सुनायें कि सुनते ही फड़क उठो।

कमला—मुँह तो तुम्हारा आज अवश्य ही मीठा होगा। चाहे शुभ समाचार सुनाओं, चाहे न सुनाओं। आज इस पठे ने यह विजय प्राप्त की है कि लोग दंग रह गये।

यह कहकर कमलाचरण ने बुलबुल को अंगूठे पर बिठा लिया।

सेवती–मेरी खबर सुनते ही नाचने लगोगे।

कमला–तो अच्छा है कि आप न सुनाइए। मैं तो आज यों ही नाच रहा हूँ। इस पठे ने आज नाक रख ली। सारा नगर दंग रह गया। नवाब मुन्नेखां बहुत दिनों से मेरी आँखों में चढ़े हुए थे। एक पास होता है, मैं उधर से निकला, तो आप कहने लगे–मियाँ, कोई पठा तैयार हो तो लाओं, दो–दो चौंच हो जायें। यह कहकर आपने अपना पुराना बुलबुल दिखाया। मैंने कहा–कृपानिधान। अभी तो नहीं। परन्तु एक मास में यदि ईश्वर चाहेगा तो आपसे अवश्य एक जोड़ होगी, और बद–बद कर आज। आगा शेरअली के अखाड़े में बदान ही ठहरी। पचाय–पचास रूपये की बाजी थी। लाखों मनुष्य जमा थे। उनका पुराना बुलबुल, विश्वास मानों सेवती, कबूतर के बराबर था। परन्तु वह भी केवल फूला हुआ न था। सारे नगर के बुलबुलों को पराजित किये बैठा था। बलपूर्वक लात चलायी। इसने बार–बार नचाया और फिर झपटकर उसकी चोटी दबायी। उसने फिर चोट की। यह नीचे आया। चतुर्दिक कोलाहल मच गया–मार लिया मार लिया। तब तो मुझे भी क्रोध आया डपटकर जो ललकारता हूँ तो यह ऊपर और वह नीचे दबा हुआ है। फिर तो उसने कितना ही सिर पटका कि ऊपर आ जाए, परन्तु इस शेर ने ऐसा दाबा कि सिर न उठाने दिया। नबाब साहब स्वयं उपस्थित थे। बहुत चिल्लाये, पर क्या हो सकता है? इसने उसे ऐसा दबोचा था जैसे बाज चिड़िया को। आखिर बगटुट भागा। इसने पानी के उस पार तक पीछा किया, पर न पा सका। लोग विस्मय से दंग हो गये। नवाब साहब का तो मुख मलिन हो गया। हवाइयाँ उड़ने लगीं। रूपये हारने की तो उन्हें कुछ चिन्ता नहीं, क्योंकि लाखों की आय है। परन्तु नगर में जो उनकी धाक जमी हुई थी, वह जाती रही। रोते हए घर को सिधारे। सुनता हूँ, यहाँ से जाते ही उन्होंने अपने बुलबुल को जीवित ही गाड़ दिया। यह कहकर कमलाचरण ने जेब खनखनायी।

सेवती–तो फिर खड़े क्या कर रहे हो? आगरे वाले की दुकान पर आदमी भेजो।

कमला–तुम्हारे लिए क्या लाऊँ, भाभी?

सेवती–दूध के कुल्हड़।

कमला–और भैया के लिए?

सेवती–दो–दो लुगइयाँ।

यह कहकर दोनों ठहाका मारकर हँसने लगे।

7.

निठुरता और प्रेम

सुवामा तन–मन से विवाह की तैयारियां करने लगीं। भोर से संध्या तक विवाह के ही धन्धों में उलझी रहती। सुशीला चेरी की भाँति उसकी आज्ञा का पालन किया करती। मुंशी संजीवनलाल प्रात:काल से सांझ तक हाट की धूल छानते रहते। और विरजन जिसके लिए यह सब तैयारियां हो रही थी, अपने कमरे में बैठी हुई रात–दिन रोया करती। किसी को इतना अवकाश न था कि क्षण–भर के लिए उसका मन बहलाये। यहाँ तक कि प्रताप भी अब उसे निठुर जान पड़ता था। प्रताप का मन भी इन दिनों बहुत ही मलिन हो गया था। सबेरे का निकला हुआ साँझ को घर आता और अपनी मुंडेर पर चुपचाप जा बैठता। विरजन के घर जाने की तो उसने शपथ–सी कर ली थी। वरन जब कभी वह आती हुई दिखाई देती, तो चुपके से सरक जाता। यदि कहने–सुनने से बैठता भी तो इस भाँति मुख फेर लेता और रूखाई का व्यवहार करता कि विरजन रोने लगती और सुवामा से कहती–चाची, लल्लू मुझसे रूष्ट है, मैं बुलाती हूँ, तो नहीं बोलते। तुम चलकर मना दो। यह कहकर वह मचल जाती और सुवामा का आँचल पकड़कर खींचती हुई प्रताप के घर लाती। परन्तु प्रताप दोनों को देखते ही निकल भागता। वृजरानी द्वार तक यह कहती हुई आती कि–लल्लू तनिक सुन लो, तनिक सुन लो, तुम्हें हमारी शपथ, तनिक सुन लो। पर जब वह न सुनता और न मुँह फेरकर देखता ही तो बेचारी लड़की पृथ्वी पर बैठ जाती और भली भाँती फूट–फूटकर रोती और कहती–यह

मुझसे क्यों रूठे हुए है? मैंने तो इन्हें कभी कुछ नहीं कहा सुवामा उसे छाती से लगा लेती और समझाती–बेटा। जाने दो, लल्लू पागल हो गया है। उसे अपने पुत्र की निठुरता का भेद कुछ–कुछ ज्ञात हो चला था।

निदान विवाह को केवल पाँच दिन रह गये। नातेदार और सम्बन्धी लोग दूर तथा समीप से आने लगे। आँगन में सुन्दर मण्डप छा गया। हाथ में कंगन बँध गये। यह कच्चे धागे का कंगन पवित्र धर्म की हथकड़ी है, जो कभी हाथ से न निकलेगी और मंण्डप उस प्रेम और कृपा की छाया का स्मारक है, जो जीवनपर्यन्त सिर से न उठेगी। आज संध्या को सुवामा, सुशीला, महाराजिनें सब–की–सब मिलकर देवी की पूजा करने को गयीं। महरियां अपने धंधों में लगी हुई थी। विरजन व्याकुल होकर अपने घर में से निकली और प्रताप के घर आ पहुँची। चतुर्दिक सन्नाटा छाया हुआ था। केवल प्रताप के कमरे में धुंधला प्रकाश झलक रहा था। विरजन कमरे में आयी, तो क्या देखती है कि मेज पर लालटेन जल रही है और प्रताप एक चारपाई पर सो रहा है। धुंधले उजाले में उसका बदन कुम्हलाया और मलिन नजर आता है। वस्तुएँ सब इधर–उधर बेढंग पड़ी हुई हैं। जमीन पर मानों धूल चढ़ी हुई है। पुस्तकें फैली हुई है। ऐसा जान पड़ता है मानों इस कमरे को किसी ने महीनों से नहीं खोला। वही प्रताप है, जो स्वच्छता को प्राण–प्रिय समझता था। विरजन ने चाहा उसे जगा दूं। पर कुछ सोचकर भूमि से पुस्तकें उठा–उठा कर आल्मारी में रखने लगी। मेज पर से धूल झाडी, चित्रों पर से गर्द का परदा उठा लिया। अचानक प्रताप ने करवट ली और उनके मुख से यह वाक्य निकला–'विरजन। मैं तुम्हें भूल नहीं सकता।' फिर थोडी देर पश्चात–'विरजन।' कहाँ जाती हो, यही बैठो? फिर करवट बदलकर–न 'बैठोगी'? अच्छा जाओं मैं भी तुमसे न बोलूंगा। फिर कुछ ठहरकर–अच्छा जाओ, देखें कहाँ जाती है। यह कहकर वह लपका, जैसे किसी भागते हुए मनुष्य को पकड़ता हो। विरजन का हाथ उसके हाथ में आ गया। उसके साथ ही आँखें खुल गयीं। एक मिनट तक उसकी भाव–शून्य दृष्टि विरजन के मुख की ओर गड़ी रही। फिर अचानक उठ बैठा और विरजन का हाथ छोड़कर बोला–तुम कब आयीं, विरजन? मैं अभी तुम्हारा ही स्वप्न देख रहा था।

विरजन ने बोलना चाहा, परन्तु कण्ठ रूंध गया और आँखें भर आयीं। प्रताप ने इधर–उधर देखकर फिर कहा–क्या यह सब तुमने साफ किया?तुम्हें बड़ा कष्ट हुआ। विरजन ने इसका भी उतर न दिया।

प्रताप–विरजन, तुम मुझे भूल क्यों नहीं जाती।?

विरजन ने आद्र नेत्रों से देखकर कहा–क्या तुम मुझे भूल गये?

प्रतान ने लज्जित होकर मस्तक नीचा कर लिया। थोडी देर तक दोनों भावों से भरे भूमि की ओर ताकते रहे। फिर विरजन ने पूछा–तुम मुझसे क्यों रूष्ट हो? मैने कोई अपराध किया है?

प्रताप–न जाने क्यों अब तुम्हें देखता हूँ, तो जी चाहता है कि कहीं चला जाऊँ।

विरजन–क्या तुमको मेरी तनिक भी मोह नहीं लगती? मैं दिन–भर रोया करती हूँ। तुम्हें मुझ पर दया नहीं आती? तुम मुझसे बोलते तक नहीं। बतलाओ मैने तुम्हें क्या कहा जो तुम रूठ गये?

प्रताप–मैं तुमसे रूठा थोडे ही हूँ।

विरजन–तो मुझसे बोलते क्यों नहीं।

प्रताप–मैं चाहता हूँ कि तुम्हें भूल जाऊँ। तुम धनवान हो, तुम्हारे माता–पिता धनी हैं, मैं अनाथ हूँ। मेरा तुम्हारा क्या साथ?

विरजन–अब तक तो तुमने कभी यह बहाना न निकाला था, क्या अब मैं अधिक धनवान हो गयी?

यह कहकर विरजन रोने लगी। प्रताप भी द्रवित हुआ, बोला–विरजन। हमारा तुम्हारा बहुत दिनों तक साथ रहा अब वियोग के दिन आ गये। थोड़े दिनों में तुम यहाँ वालों को छोड़कर अपने सुसुराल चली जाओगी। इसलिए मैं भी बहुत चाहता हूँ कि तुम्हें भूल जाऊँ। परन्तु कितना ही चाहता हूँ कि तुम्हारी बातें स्मरण में न आये, वे नहीं मानतीं। अभी सोते–सोते तुम्हारा ही स्वप्न देख रहा था।

8.

सखियाँ

डिप्टी श्यामाचरण का भवन आज सुन्दरियों के जमघट से इन्द्र का अखाड़ा बना हुआ था। सेवती की चार सहेलियाँ–रुक्मिणी, सीता, रामदेई और चन्द्रकुंवर–सोलहों सिंगार किये इठलाती फिरती थी। डिप्टी साहब की बहिन जानकी कुंवर भी अपनी दो लड़कियों के साथ इटावे से आ गयी थीं। इन दोनों का नाम कमला और उमादेवी था। कमला का विवाह हो चुका था। उमादेवी अभी कुंवारी ही थी। दोनों सूर्य और चन्द्र थी। मंडप के तले डौमनियां और गवनिहारिने सोहर और सोहाग, अलाप रही थीं। गुलबिया नाइन और जमनी कहारिन दोनों चटकीली साड़ियाँ पहिने, माँग सिंदूर से भरवाये, गिलट के कड़े पहिने छम–छम करती फिरती थीं। गलबिया चपला नवयौवना थी। जमना की अवस्था ढल चुकी थी।

सेवती का क्या पूछना? आज उसकी अनोखी छटा थी। रसीली आँखें आमोदाधिक्य से मतवाली हो रही थीं और गुलाबी साड़ी की झलक से चम्पई रंग गुलाबी जान पड़ता था। धानी मखमल की कुरती उस पर खूब खिलती थी। अभी स्नान करके आयी थी, इसलिए नागिन–सी लट कंधों पर लहरा रही थी। छेड़छाड़ और चुहल से इतना अवकाश न मिलता था कि बाल गुंथवा ले। महराजिन की बेटी माधवी छींट का लँहगा पहने, आँखों में काजल लगाये, भीतर–बाहर किये हुए थी।

रूक्मिणी ने सेवती से कहा–सितो। तुम्हारी भावज कहाँ है? दिखायी नहीं देती। क्या हम लोगों से भी पर्दा है?

रामदेई–(मुस्कराकर) परदा क्यों नहीं है? हमारी नजर न लग जायगी?

सेवती–कमरे में पड़ी सो रही होंगी। देखों अभी खींचे लाती हूँ।

यह कहकर वह चन्द्रा के कमरे में पहुँची। वह एक साधारण साड़ी पहने चारपाई पर पड़ी द्वार की ओर टकटकी लगाये हुए थी। इसे देखते ही उठ बैठी। सेवती ने कहा–यहाँ क्या पड़ी हो, अकेले तुम्हारा जी नहीं घबराता?

चन्द्रा–उंह, कौन जाए, अभी कपड़े नहीं बदले।

सेवती–बदलती क्यों नहीं? सखियाँ तुम्हारी बाट देख रही हैं।

चन्द्रा–अभी मैं न बदलूँगी।

सेवती–यही हठ तुम्हारा अच्छा नहीं लगता। सब अपने मन में क्या कहती होंगी।

चन्द्रा–तुमने तो चिट्ठी पढी थी, आज ही आने को लिखा था न?

सेवती–अच्छा,तो यह उनकी प्रतीक्षा हो रही है, यह कहिये तभी योग साधा है।

चन्द्रा–दोपहर तो हुई, स्यात् अब न आयेंगे।

इतने में कमला और उमादेवी दोनों आ पहुँची। चन्द्रा ने घूंघट निकाल लिया और फर्श पर आ बैठी। कमला उसकी बड़ी ननद होती थी।

कमला–अरे, अभी तो इन्होंने कपड़े भी नहीं बदले।

सेवती–भैया की बाट जोह रही है। इसलिए यह भेष रचा है।

कमला–मूर्ख हैं। उन्हें गरज होगी, आप आयेंगे।

सेवती–इनकी बात निराली है।

कमला–पुरूषों से प्रेम चाहे कितना ही करे, पर मुख से एक शब्द भी न निकाले, नहीं तो व्यर्थ सताने और जलाने लगते हैं। यदि तुम उनकी उपेक्षा करो, उनसे सीधे बात न करों, तो वे तुम्हारा सब प्रकार आदर करेगें। तुम पर प्राण समर्पण करेंगें, परन्तु ज्यों ही उन्हें ज्ञात हुआ कि इसके हृदय में मेरा प्रेम हो गया, बस उसी दिन से दृष्टि फिर जायेगी। सैर को जायेगें, तो अवश्य देर करके आयेगें।

भोजन करने बैठेगें तो मुंह जूठा करके उठ जायेंगें, बात–बात पर रूठेंगें। तुम रोओगी तो मनायेंगें, मन में प्रसन्न होंगे कि कैसा फंदा डाला है। तुम्हारे सम्मुख अन्य स्त्रियों की प्रशंसा करेंगे। भावार्थ यह है कि तुम्हारे जलाने में उन्हें आनन्द आने लगेगा। अब मेरे ही घर में देखो पहिले इतना आदर करते थे कि क्या बताऊं। प्रतिक्षण नौकरों की भाँति हाथ बांधे खड़े रहते थे। पंखा झलने को तैयार, हाथ से कौर खिलाने को तैयार यहाँ तक कि (मुस्कराकर) पाँव दबाने में भी संकोच न था। बात मेरे मुख से निकली नहीं कि पूरी हुई। मैं उस समय अबोध थी। पुरुषों के कपट व्यवहार क्या जानूं। पटी में आ गयी। जानते थे कि आज हाथ बांध कर खड़ी होगी। मैने लम्बी तानी तो रात–भर करवट न ली। दूसरे दिन भी न बोली। अंत में महाशय सीधे हए, पैरों पर गिरे, गिड़गिड़ाये, तब से मन में इस बात की गांठ बॉध ली है कि पुरूषों को प्रेम कभी न जताओ।

सेवती–जीजा को मैने देखा है। भैया के विवाह में आये थे। बड़े हँसमुख मनुष्य हैं।

कमला–पार्वती उन दिनों पेट मे थी, इसी से मैं न आ सकी थी। यहाँ से गये तो लगे तुम्हारी प्रशंसा करने। तुम कभी पान देने गयी थी? कहते थे कि मैने हाथ थामकर बैठा लिया, खूब बातें हुई।

सेवती–झूठे हैं, लबारिये हैं। बात यह हुई कि गुलबिया और जमुनी दोनों किसी कार्य से बाहर गयी थीं। माँ ने कहा, वे खाकर गये हैं, पान बना के दे आ। मैं पान लेकर गयी, चारपाई पर लेटे थे, मुझे देखते ही उठ बैठे। मैने पान देने को हाथ बढाया तो आप कलाई पकड़कर कहने लगे कि एक बात सुन लो, पर मैं हाथ छुड़ाकर भागी।

कमला–निकली न झूठी बात। वही तो मैं भी कहती हूँ कि अभी ग्यारह–बारह वर्ष की छोकरी, उसने इनसे क्या बातें की होंगी? परन्तु नहीं, अपना ही हठ किये जाये। पुरुष बड़े प्रलापी होते है। मैने यह कहा, मैने वह कहा मेरा तो इन बातों से हृदय सुलगता है। न जाने उन्हें अपने ऊपर झूठा दोष लगाने में क्या स्वाद मिलता है? मनुष्य जो बुरा–भला करता है, उस पर परदा डालता है। यह लोग करेंगे तो थोड़ा, मिथ्या प्रलाप का आल्हा गाते फिरेंगे ज्यादा। मैं तो तभी से उनकी एक बात भी सत्य नहीं मानती।

इतने में गुलबिया ने आकर कहा–तुमतो यहाँ ठाढी बतलात हो। और तुम्हार सखी तुमका आंगन में बुलौती है।

सेवती–देखो भाभी, अब देर न करो। गुलबिया, तनिक इनकी पिटारी से कपड़े तो निकाल ले।

कमला चन्द्रा का श्रृंगार करने लगी। सेवती सहेलियों के पास आयी। रूक्मिणी बोली–वाह बहि, खूब। वहाँ जाकर बैठ रही। तुम्हारी दीवारों से बोलें क्या?

सेवती–कमला बहिन चली गयी। उनसे बातचीत होने लगीं। दोनों आ रही हैं।

रूक्मिणी–लड़कोरी है न?

सेवती–हॉ, तीन लड़के हैं।

रामदेई–मगर काठी बहुत अच्छी है।

चन्द्रकुंवर–मुझे उनकी नाक बहुत सुन्दर लगती है, जी चाहता है छीन लूं।

सीता–दोनों बहिनें एक–से–एक बढ़ कर है।

सेवती–सीता को ईश्वर ने वर अच्छा दिया है, इसने सोने की गौ पूजी थी।

रूक्मिणी–(जलकर)गोरे चमड़े से कुछ नहीं होता।

सीता–तुम्हें काला ही भाता होगा।

सेवती–मुझे काला वर मिलता तो विष खा लेती।

रूक्मिणी–यो कहने को जो चाहे कह लों, परन्तु वास्तव में सुख काले ही वर से मिलता है।

सेवती–सुख नहीं धूल मिलती है। ग्रहण–सा आकर लिपट जाता होगा।

रूक्मिणी–यही तो तुम्हारा लड़कपन है। तुम जानती नहीं सुन्दर पुरुष अपने ही बनाव–सिंगार में लगा रहता है। उसे अपने आगे स्त्री का कुछ ध्यान नहीं रहता। यदि स्त्री परम–रूपवती हो तो कुशल है। नहीं तो थोडे ही दिनों

में वह समझता है कि मैं ऐसी दूसरी स्त्रियों के हृदय पर सुगमता से अधिकार पा सकता हूँ। उससे भागने लगता है। और कुरूप पुरूष सुन्दर स्त्री पा जाता है तो समझता है कि मुझे हीरे की खान मिल गयी। बेचारा काला अपने रूप की कमी को प्यार और आदर से पूरा करता है। उसके हृदय में ऐसी धुकधुकी लगी रहती है कि मैं तनिक भी इससे खटा पड़ा तो यह मुझसे घृणा करने लगेगी।

चन्द्रकुंव–दूल्हा सबसे अच्छा वह, जो मुँह से बात निकलते ही पूरा करे।

रामदेई–तुम अपनी बात न चलाओ। तुम्हें तो अच्छे–अच्छे गहनों से प्रयोजन है, दूल्हा कैसा ही हो।

सीता–न जाने कोई पुरुष से किसी वस्तु की आज्ञा कैसे करता है। क्या संकोच नहीं होता?

रूक्मिणी–तुम बपुरी क्या आज्ञा करोगी, कोई बात भी तो पूछे?

सीता–मेरी तो उन्हें देखने से ही तृप्ति हो जाती है। वस्त्राभूषणों पर जी नहीं चलता।

इतने में एक और सुन्दरी आ पहुँची, गहने से गोंदनी की भाँति लदी हुई। बढ़िया जूती पहने, सुगंध में बसी। आँखों से चपलता बरस रही थी।

रामदेई–आओ रानी, आओ, तुम्हारी ही कमी थी।

रानी–क्या करूं, निगोड़ी नाइन से किसी प्रकार पीछा नहीं छूटता था। कुसुम की माँ आयी तब जाके जूड़ा बाँधा।

सीता–तुम्हारी जाकिट पर बलिहारी है।

रानी–इसकी कथा मत पूछो। कपड़ा दिये एक मास हआ। दस–बारह बार दर्जी सीकर लाया। पर कभी आस्तीन ढीली कर दी, कभी सीअन बिगाड़ दी, कभी चुनाव बिगाड़ दिया। अभी चलते–चलते दे गया है।

यही बातें हो रही थी कि माधवी चिल्लाई हुई आयी–'भैया आये, भैया आये। उनके संग जीजा भी आये हैं, ओहो। ओहो।

रानी–राधाचरण आये क्या?

सेवती–हाँ। चलूँ तनिक भाभी को सन्देश दे आऊँ। क्या रे। कहाँ बैठे हैं?

माधवी–उसी बड़े कमरे में। जीजा पगड़ी बाँधे है, भैया कोट पहिने हैं, मुझे जीजा ने रूपया दिया। यह कहकर उसने मुठी खोलकर दिखायी।

रानी–सितो। अब मुँह मीठा कराओ।

सेवती–क्या मैने कोई मनौती की थी?

यह कहती हुई सेवती चन्द्रा के कमरे में जाकर बोली–लो भाभी। तुम्हारा सगुन ठीक हुआ।

चन्द्रा–क्या आ गये? तनिक जाकर भीतर बुला लो।

सेवती–हाँ मदीने में चली जाउं। तुम्हारे बहनाई जी भी तो पधारे हैं।

चन्द्रा–बाहर बैठे क्या कर रहे हैं? किसी को भेजकर बुला लेती, नहीं तो दूसरों से बातें करने लगेंगे।

अचानक खडाऊं का शब्द सुनायी दिया और राधाचरण आते दिखायी दिये। आयु चौबीस–पच्चीस बरस से अधिक न थी। बड़े ही हँसमुख, गौर वर्ण, अंग्रेजी काट के बाल, फ्रेंच काट की दाढी, खडी मूंछे, लवंडर की लपटें आ रही थी। एक पतला रेशमी कुर्ता पहने हुए थे। आकर पलंग पर बैठ गए और सेवती से बोले–क्या सितो। एक सप्ताह से चिठी नहीं भेजी?

सेवती–मैने सोचा, अब तो आ रहे हो, क्यों चिठी भेजूं? यह कहकर वहाँ से हट गयी।

चन्द्रा ने घूघंट उठाकर कहा–वहाँ जाकर भूल जाते हो?

राधाचरण–(हृदय से लगाकर) तभी तो सैकंडो कोस से चला आ रहा हूँ।

9.
ईर्ष्या

प्रतापचन्द्र ने विरजन के घर आना–जाना विवाह के कुछ दिन पूर्व से ही त्याग दिया था। वह विवाह के किसी भी कार्य में सम्मिलित नहीं हुआ। यहाँ तक कि महफिल में भी न गया। मलिन मन किये, मुँह लटकाये, अपने घर बैठा रहा, मुंशी संजीवनलाला, सुशीला, सुवामा सब बिनती करके हार गये, पर उसने बारात की ओर दृष्टि न फेरी। अंत में मुंशीजी का मन टूट गया और फिर कुछ न बोले। यह दशा विवाह के होने तक थी। विवाह के पश्चात तो उसने इधर का मार्ग ही त्याग दिया। स्कूल जाता तो इस प्रकार एक ओर से निकल जाता, मानों आगे कोई बाघ बैठा हुआ है, या जैसे महाजन से कोई ऋणी मनुष्य आँख बचाकर निकल जाता है। विरजन की तो परछांई से भागता। यदि कभी उसे अपने घर में देख पाता तो भीतर पग न देता। माता समझाती–बेटा। विरजन से बोलते–चालत क्यों नहीं? क्यों उससे मन मोटा किये हुए हो? वह आ आकर घण्टों रोती है कि मैने क्या किया है जिससे वह रूष्ट हो गया है। देखों, तुम और वह कितने दिनों तक एक संग रहे हो। तुम उसे कितना प्यार करते थे। अकस्मात् तुमको क्या हो गया? यदि तुम ऐसे ही रूठे रहोगे तो बेचारी लड़की की जान पर बन जायेगी। सूखकर काँटा हो गयी है। ईश्वर ही जानता है, मुझे उसे देखकर करूणा उत्पन्न होती है। तुम्हारी चर्चा के अतिरिक्त उसे कोई बात ही नहीं भाती।

प्रताप आँखें नीची किये हुए सब सुनता और चुपचाप सरक जाता। प्रताप अब भोला बालक नहीं था। उसके जीवनरूपी वृक्ष में यौवनरूपी कोपलें फूट

रही थीं। उसने बहुत दिनों से–उसी समय से जब से उसने होश संभाला–विरजन के जीवन को अपने जीवन में शर्करा क्षीर की भाँति मिला लिया था। उन मनोहर और सुहावने स्वप्नों का इस कठोरता और निर्दयता से धूल में मिलाया जाना उसके कोमल हृदय को विदीर्ण करने के लिए काफी था, वह जो अपने विचारों में विरजन को अपना सर्वस्व समझता था, कहीं का न रहा, और वह, जिसने विरजन को एक पल के लिए भी अपने ध्यान में स्थान न दिया था, उसका सर्वस्व हो गया। इस विर्तक से उसके हृदय में व्याकुलता उत्पन्न होती थी और जी चाहता था कि जिन लोगों ने मेरी स्वप्नवत भावनाओं का नाश किया है और मेरे जीवन की आशाओं को मिटटी में मिलाया है, उन्हें मैं भी जलाउं। सबसे अधिक क्रोध उसे जिस पर आता था वह बेचारी सुशीला थी।

शनैः–शनैः उसकी यह दशा हो गई कि जब स्कूल से आता तो कमलाचरण के सम्बन्ध की कोई घटना अवश्य वर्णन करता। विशेष कर उस समय जब सुशीला भी बैठी रहती। उस बेचारी का मन दुखाने में इसे बडा ही आनन्द आता। यद्यपि अव्यक्त रीति से उसका कथन और वाक्य–गति ऐसी हृदय–भेदिनी होती थी कि सुशीला के कलेजे में तीर की भाँति लगती थी। आज महाशय कमलाचरण तिपाई के ऊपर खड़े थे, मस्तक गगन का स्पर्श करता था। परन्तु निर्लज्ज इतने बड़े कि जब मैंने उनकी ओर संकेत किया तो खड़े–खड़े हँसने लगे। आज बडा तमाशा हुआ। कमला ने एक लड़के की घड़ी उड़ा दी। उसने मास्टर से शिकायत की। उसके समीप वे ही महाशय बैठे हुए थे। मास्टर ने खोज की तो आप ही फेटे से घड़ी मिली। फिर क्या था? बड़े मास्टर के यहाँ रिपोर्ट हुई। वह सुनते ही झल्ला गये और कोई तीन दर्जन बेंतें लगायीं, सड़ासड़ा सारा स्कूल यह कौतूहल देख रहा था। जब तक बेंतें पड़ा की, महाशय चिल्लाया किये, परन्तु बाहर निकलते ही खिलखिलाने लगे और मूंछों पर ताव देने लगे। चाची। नहीं सुना? आज लडकों ने ठीक सकूल के फाटक पर कमलाचरण को पीटा। मारते–मारते बेसुध कर दिया। सुशीला ये बातें सुनती और सुन–सुनकर कुढती। हाँ। प्रताप ऐसी कोई बात विरजन के सामने न करता। यदि वह घर में बैठी भी होती तो जब तक चली न जाती, यह चर्चा न छेडता। वह चाहता था कि मेरी बात से इसे कुछ दुखः न हो।

समय–समय पर मुंशी संजीवनलाल ने भी कई बार प्रताप की कथाओं की पुष्टि की। कभी कमला हाट में बुलबुल लड़ाते मिल जाता, कभी गुण्डों के संग सिगरेट पीते, पान चबाते, बेढंगेपन से घूमता हुआ दिखायी देता। मुंशीजी जब जामाता की यह दशा देखते तो घर आते ही स्त्री पर क्रोध निकालते–यह सब तुम्हारी ही करतूत है। तुम्ही ने कहा था घर–वर दोनों अच्छे हैं, तुम्हीं रीझी हुई थीं। उन्हें उस क्षण यह विचार न होता कि जो दोषारोपण सुशीला पर है, कम–से–कम मुझ पर ही उतना ही है। वह बेचारी तो घर में बन्द रहती थी, उसे क्या ज्ञात था कि लडका कैसा है। वह सामुद्रिक विद्या थोड़े ही पढ़ी थी? उसके माता–पिता को सभ्य देखा, उनकी कुलीनता और वैभव पर सहमत हो गयी। पर मुंशीजी ने तो अकर्मण्यता और आलस्य के कारण छान–बीन न की, यद्यपि उन्हें इसके अनेक अवसर प्राप्त थे, और मुंशीजी के अगणित बान्धव इसी भारतवर्ष में अब भी विद्यमान हैं जो अपनी प्यारी कन्याओं को इसी प्रकार नेत्र बन्द करके कुए में ढकेल दिया करते हैं।

सुशीला के लिए विरजन से प्रिय जगत में अन्य वस्तु न थी। विरजन उसका प्राण थी, विरजन उसका धर्म थी और विरजन ही उसका सत्य थी। वही उसकी प्राणाधार थी, वही उसके नयनों को ज्योति और हृदय का उत्साह थी, उसकी सर्वोच्च साँसारिक अभिलाषा यह थी कि मेरी प्यारी विरजन अच्छे घर जाय। उसके सास–ससुर, देवी–देवता हों। उसके पति शिष्टता की मूर्ति और श्रीरामचंद्र की भाँति सुशील हो। उस पर कष्ट की छाया भी न पड़े। उसने मर गरकर बड़ी मिन्नतों से यह पुत्री पायी थी और उसकी इच्छा थी कि इन रसीले नयनों वाली, अपनी भोली–भाली बाला को अपने मरण–पर्यन्त आँखों से अदृश्य न होने दूँगी। अपने जामाता को भी यही बुलाकर अपने घर रखूंगी। जामाता मुझे माता कहेगा, मैं उसे लड़का समझूगी। जिस हृदय में ऐसे मनोरथ हों, उस पर ऐसी दारूण और हृदयविदारणी बातों का जो कुछ प्रभाव पड़ेगा, प्रकट है।

हाँ। हन्त। दीना सुशीला के सारे मनोरथ मिट्टी में मिल गये। उसकी सारी आशाओं पर ओस पड़ गयी। क्या सोचती थी और क्या हो गया। अपने मन को बार–बार समझाती कि अभी क्या है, जब कमला सयाना हो जायेगा तो

सब बुराइयां स्वयं त्याग देना। पर एक निन्दा का घाव भरने नहीं पाता था कि फिर कोई नवीन घटना सुनने में आ जाती। इसी प्रकार आघात–पर–आघात पड़ते गये। हाय। नहीं मालूम विरजन के भाग्य में क्या बदा है? क्या यह गुन की मूर्ति, मेरे घर की दीप्ति, मेरे शरीर का प्राण इसी दुष्कृत मनुष्य के संग जीवन व्यतीत करेगी? क्या मेरी श्यामा इसी गिद्ध के पाले पडेगी? यह सोचकर सुशीला रोने लगती और घंटों रोती रहती है। पहिले विरजन को कभी–कभी डांट–डपट भी दिया करती थी, अब भूलकर भी कोई बात न कहती। उसका मुंह देखते ही उसे याद आ जाती। एक क्षण के लिए भी उसे सामने से अदृश्य न होने देगी। यदि जरा देर के लिए वह सुवामा के घर चली जाती, तो स्वयं पहुँच जाती। उसे ऐसा प्रतीत होता मानों कोई उसे छीनकर ले भागता है। जिस प्रकार बधिक की छुरी के तले अपने बछड़े को देखकर गाय का रोम–रोम कांपने लगता है, उसी प्रकार विरजन के दुख का ध्यान करके सुशीला की आँखों में संसार सूना जान पड़ता था। इन दिनों विरजन को पल–भर के लिए नेत्रों से दूर करते उसे वह कष्ट और व्याकुलता होती,जो चिडिया को घोंसले से बच्चे के खो जाने पर होती है।

सुशीला एक तो यों ही जीर्ण रोगिणी थी। उस पर भविष्य की असाध्य चिन्ता और जलन ने उसे और भी धुला डाला। निन्दाओं ने कलेजा छलनी कर दिया। छः मास भी बीतने न पाये थे कि क्षयरोग के चिहन दिखायी दिए। प्रथम तो कुछ दिनों तक साहस करके अपने दुःख को छिपाती रही, परन्तु कब तक? रोग बढने लगा और वह शक्तिहीन हो गयी। चारपाई से उठना कठिन हो गया। वैद्य और डाक्टर औषधि करने लगे। विरजन और सुवामा दोनों रात–दिन उसके पास बैठी रहती। विरजन एक पल के लिए उसकी दृष्टि से ओझल न होती। उसे अपने निकट न देखकर सुशीला बेसुध–सी हो जाती और फूट–फूटकर रोने लगती। मुंशी संजीवनलाल पहिले तो धैर्य के साथ दवा करते रहे, पर जब देखा कि किसी उपाय से कुछ लाभ नहीं होता और बीमारी की दशा दिन–दिन निकृष्ट होती जाती है तो अंत में उन्होंने भी निराश हो उद्योग और साहस कम कर दिया। आज से कई साल पहले जब सुवामा बीमार पड़ी थी तब सुशीला ने उसकी सेवा–शुश्रूषा में पूर्ण परिश्रम किया था, अब

सुवामा बीमार पड़ी थी तब सुशीला ने उसकी सेवा–सुश्रूषा में पूर्ण परिश्रम किया था,अब सुवामा की बारी आयी। उसने पडोसी और भगिनी के धर्म का पालन भली–भाँति किया। रूग्ण–सेवा में अपने गृहकार्य को भूल–सी गई। दो–दो तीन–तीन दिन तक प्रताप से बोलने की नौबत न आयी। बहुधा वह बिना भोजन किये ही स्कूल चला जाता। परन्तु कभी कोई अप्रिय शब्द मुख से न निकालता। सुशीला की रूग्णावस्था ने अब उसकी द्वेषाराग्नि को बहुत कम कर दिया था। द्वेष की अग्नि द्वेष्टा की उन्नति और दुर्दशा के साथ–साथ तीव्र और प्रज्जवलित हो जाती है और उसी समय शान्त होती है जब द्वेष्टा के जीवन का दीपक बुझ जाता है।

जिस दिन वृजरानी को ज्ञात हो जाता कि आज प्रताप बिना भोजन किये स्कूल जा रहा है, उस दिन वह काम छोड़कर उसके घर दौड़ जाती और भोजन करने के लिए आग्रह करती, पर प्रताप उससे बात न करता, उसे रोता छोड़ बाहर चला जाता। निस्संसदेह वह विरजन को पूर्णत:निर्दोष समझता था, परन्तु एक ऐसे संबध को, जो वर्ष छः मास में टूट जाने वाला हो, वह पहले ही से तोड़ देना चाहता था। एकान्त में बैठकर वह आप–ही–आप फूट–फूटकर रोता, परन्तु प्रेम के उद्वेग को अधिकार से बाहर न होने देता।

एक दिन वह स्कूल से आकर अपने कमरे में बैठा हुआ था कि विरजन आयी। उसके कपोल अश्रु से भीगे हुए थे और वह लंबी–लंबी सिसकियां ले रही थी। उसके मुख पर इस समय कुछ ऐसी निराशा छाई हुई थी और उसकी दृष्टि कुछ ऐसी करूणोत्पादक थी कि प्रताप से न रहा गया। सजल नयन होकर बोला–क्यों विरजन। रो क्यों रही हो? विरजन ने कुछ उत्तर न दिया, वरन और बिलख बिलखकर रोने लगी। प्रताप का गाम्भीर्य जाता रहा वह निस्संकोच होकर उठा और विरजन की आँखों से आँसू पोंछने लगा। विरजन ने स्वर संभालकर कहा–लल्लू अब माताजी न जीयेंगी, मैं क्या करूं? यह कहते–कहते फिर सिसकियां उभरने लगी।

प्रताप यह समाचार सुनकर स्तब्ध हो गया। दौड़ा हुआ विरजन के घर गया और सुशीला की चारपाई के समीप खड़ा होकर रोने लगा। हमारा अन्त समय कैसा धन्य होता है। वह हमारे पास ऐसे–ऐसे अहितकारियों को खींच

लाता है, जो कुछ दिन पूर्व हमारा मुख नहीं देखना चाहते थे, और जिन्हें इस शक्ति के अतिरिक्त संसार की कोई अन्य शक्ति पराजित न कर सकती थी। हाँ यह समय ऐसा ही बलवान है और बडे–बडे बलवान शत्रुओं को हमारे अधीन कर देता है। जिन पर हम कभी विजय न प्राप्त कर सकते थे, उन पर हमको यह समय विजयी बना देता है। जिन पर हम किसी शत्रु से अधिकार न पा सकते थे उन पर समय और शरीर के रक्तहीन हो जाने पर भी हमको विजयी बना देता है। आज पूरे वर्ष भर पश्चात प्रताप ने इस घर में पर्दापण किया। सुशीला की आँखें बन्द थी, पर मुखमण्डल ऐसा विकसित था, जैसे प्रभातकाल का कमल। आज भोर ही से वह रट लगाये हुए थी कि लल्लू को दिखा दो। सुवामा ने इसीलिए विरजन को भेजा था।

सुवामा ने कहा–बहिन। आँखें खोलों। लल्लू खड़ा है।

सुशीला ने आँखें खोल दी और दोनों हाथ प्रेम–बाहुल्य से फैला दिये। प्रताप के हृदय से विरोध का अन्तिम चिह्न भी विलीन हो गया। यदि ऐसे काल में भी कोई मत्सर का मैल रहने दे, तो वह मनुष्य कहलाने का हकदार नहीं है। प्रताप सच्चे पुत्रत्व–भाव से आगे बढ़ा और सुशीला के प्रेमाँक में जा लिपटा। दोनों आधे घंण्टे तक रोते रहे। सुशीला उसे अपने दोनों बांहों में इस प्रकार दबाये हुए थी। मानों वह कहीं भागा जा रहा है। वह इस समय अपने को सैंकडों धिक्कार दे रहा था कि मैं ही इस दुखिया का प्राणहारी हूँ। मैने ही द्वेष–दुरावेग के वशीभूत होकर इसे इस गति को पहुँचाया है। मैं ही इस प्रेम की मूर्ति का नाशक हूँ।

ज्यों–ज्यों यह भावना उसके मन में उठती, उसकी आँखों से आँसू बहते। निदान सुशीला बोली–लल्लू। अब मैं दो–एक दिन की ओर मेहमान हूँ। मेरा जो कुछ कहा–सुना हो, क्षमा करो।

प्रताप का स्वर उसके वश में न था, इसलिए उसने कुछ उतर न दिया।

सुशीला फिर बोली–न जाने क्यों तुम मुझसे रूष्ट हो। तुम हमारे घर नहीं आते। हमसे बोलते नहीं। जी तुम्हें प्यार करने को तरस–तरसकर रह जाता है। पर तुम मेरी तनिक भी सुधि नहीं लेते। बताओ, अपनी दुखिया चाची से क्यों रूष्ट हो? ईश्वर जानता है, मैं तुमको सदा अपना लड़का समझती रही।

तुम्हें देखकर मेरी छाती फूल उठती थी। यह कहते–कहते निर्बलता के कारण उसकी बोली धीमी हो गयी, जैसे क्षितिज के अथाह विस्तार में उड़नेवाले पक्षी की बोली प्रतिक्षण मध्यम होती जाती है–यहाँ तक कि उसके शब्द का ध्यानमात्र शेष रह जाता है। इसी प्रकार सुशीला की बोली धीमी होते–होते केवल सांय–सांय रह गयी।

10.

सुशीला की मृत्यु

तीन दिन और बीते, सुशीला के जीने की अब कोई संभावना न रही। तीनों दिन मुंशी संजीवनलाल उसके पास बैठे उसको सान्त्वना देते रहे। वह तनिक देर के लिए भी वहाँ से किसी काम के लिए चले जाते, तो वह व्याकुल होने लगती और रो–रोकर कहने लगती–मुझे छोड़कर कहीं चले गये। उनको नेत्रों के सम्मुख देखकर भी उसे संतोष न होता। रह–रहकर उतावलेपन से उनका हाथ पकड़ लेतीं और निराश भाव से कहतीं–मुझे छोड़कर कहीं चले तो नहीं जाओगे? मुंशीजी यद्यपि बड़े दृढ–चित मनुष्य थे, तथापि ऐसी बातें सुनकर आर्द्रनेत्र हो जाते। थोडी–थोडी देर में सुशीला को मूर्छा–सी आ जाती। फिर चौंकती तो इधर उधर भौंचक्की–सी देखने लगती। वे कहाँ गये? क्या छोड़कर चले गये? किसी-किसी बार मूर्छा का इतना प्रकोप होता कि मुंशीजी बार–बार कहते–मैं यही हूँ, घबराओ नहीं। पर उसे विश्वास न आता। उन्हीं की ओर ताकती और पूछती कि –कहाँ है? यहाँ तो नहीं हैं। कहाँ चले गये? थोडी देर में जब चेत हो जाता तो चुप रह जाती और रोने लगती। तीनों दिन उसने विरजन, सुवामा, प्रताप एक की भी सुधि न की। वे सब–के–सब हर घड़ी उसी के पास खडे रहते, पर ऐसा जान पड़ता था, मानों वह मुंशीजी के अतिरिक्त और किसी को पहचानती ही नहीं है। जब विरजन बेचैन हो जाती और गले में हाथ डालकर रोने लगती, तो वह तनिक आँख खोल देती और पूछती–कौन है, विरजन? बस और कुछ न पूछती। जैसे, सूम के हृदय में मरते

समय अपने गड़े हुए धन के सिवाय और किसी बात का ध्यान नहीं रहता उसी प्रकार हिन्दू–स्त्री अन्त समय में पति के अतिरिक्त और किसी का ध्यान नहीं कर सकती।

कभी–कभी सुशीला चौंक पड़ती और विस्मित होकर पूछती–अरे। यह कौन खड़ा है? यह कौन भागा जा रहा है? उन्हें क्यों ले जाते है? ना मैं न जाने दूँगी। यह कहकर मुंशीजी के दोनों हाथ पकड़ लेती। एक पल में जब होश आ जाता, तो लज्जित होकर कहती....'मैं सपना देख रही थी, जैसे कोई तुम्हें लिये जा रहा था। देखो, तुम्हें हमारी सौहं है, कहीं जाना नहीं। न जाने कहाँ ले जायेगा, फिर तुम्हें कैसे देखूँगी?

मुंशीजी का कलेजा मसोसने लगता। उसकी ओर पति करूणा–भरी स्नेह–दृष्टि डालकर बोलते–नहीं, मैं न जाउंगा। तुम्हें छोड़कर कहाँ जाउंगा?

सुवामा उसकी दशा देखती और रोती कि अब यह दीपक बुझा ही चाहता है। अवस्था ने उसकी लज्जा दूर कर दी थी। मुंशीजी के सम्मुख घंटों मुँह खोले खड़ी रहती।

चौथे दिन सुशीला की दशा संभल गयी। मुंशीजी को विश्वास हो गया, बस यह अन्तिम समय है। दीपक बुझने के पहले भभक उठता है। प्रातःकाल जब मुँह धोकर वे घर में आये, तो सुशीला ने संकेत द्वारा उन्हें अपने पास बुलाया और कहा–मुझे अपने हाथ से थोड़ा–सा पानी पिला दो। आज वह सचेत थी। उसने विरजन, प्रताप, सुवामा सबको भली–भाँति पहिचाना। वह विरजन को बड़ी देर तक छाती से लगाये रोती रही। जब पानी पी चुकी तो सुवामा से बोली–बहिन। तनिक हमको उठाकर बिठा दो, स्वामी जी के चरण छू लूं। फिर न जाने कब इन चरणों के दर्शन होंगे।

सुवामा ने रोते हुए अपने हाथों से सहारा देकर उसे तनिक उठा दिया। प्रताप और विरजन सामने खड़े थे। सुशीला ने मुंशीजी से कहा–मेरे समीप आ जाओ।

मुंशीजी प्रेम और करूणा से विह्वल होकर उसके गले से लिपट गये और गदगद स्वर में बोले–'घबराओ नहीं, ईश्वर चाहेगा तो तुम अच्छी हो जाओगी'।

सुशीला ने निराश भाव से कहा–'हाँ' आज अच्छी हो जाउंगी। जरा अपना पैर बढ़ा दो। मैं माथे लगा लूं।

मुंशीजी हिचकिचाते रहे। सुवामा रोते हुए बोली–पैर बढ़ा दीजिए, इनकी इच्छा पूरी हो जाये।

तब मुंशीजी ने चरण बढा दिये। सुशीला ने उन्हें दोनों हाथों में पकड़ कर कई बार चूमाँ फिर उन पर हाथ रखकर रोने लगी। थोड़े ही देर में दोनों चरण उष्ण जल–कणों से भीग गये। पतिव्रता स्त्री ने प्रेम के मोती पति के चरणों पर निछोवर कर दिये। जब आवाज संभली तो उसने विरजन का एक हाथ थाम कर मुंशीजी के हाथ में दिया और अति मन्द स्वर में कहा–स्वामीजी। आपके संग बहुत दिन रही और जीवन का परम सुख भोगा। अब प्रेम का नाता टूटता है।

अब मैं पल–भर की और अतिथि हूँ। प्यारी विरजन को तुम्हें सौंप जाती हूँ। मेरा यही चिह्न है। इस पर सदा दया–दृष्टि रखना। मेरे भाग्य में प्यारी पुत्री का सुख देखना नहीं बदा था। इसे मैने कभी कोई कटु वचन नहीं कहा, कभी कठोर दृष्टि से नहीं देखा। यह मेरे जीवन का फल है। ईश्वर के लिए तुम इसकी ओर से बेसुध न हो जाना। यह कहते–कहते हिचकियां बंध गयीं और मूर्च्छा–सी आ गयी।

जब कुछ अवकाश हुआ तो उसने सुवामा के सम्मुख हाथ जोड़े और रोकर कहा–'बहिन'। विरजन तुम्हारे समर्पण है। तुम्हीं उसकी माता हो। लल्लू। प्यारे। ईश्वर करे तुम जुग–जुग जीओ। अपनी विरजन को भूलना मत। यह तुम्हारी दीना और मातृहीना बहिन है। तुममें उसके प्राण बसते हैं। उसे रूलाना मत, उसे कुढ़ाना मत, उसे कभी कठोर वचन मत कहना। उससे कभी न रूठना। उसकी ओर से बेसुध न होना, नहीं तो वह रो–रो कर प्राण दे देगी। उसके भाग्य में न जाने क्या बदा है, पर तुम उसे अपनी सगी बहिन समझकर सदा ढाढ़स देते रहना। मैं थोड़ी देर में तुम लोगों को छोडकर चली जाऊँगी, पर तुम्हें मेरी सोहं, उसकी ओर से मन मोटा न करना, तुम्हीं उसका बेड़ा पार लगाओगे। मेरे मन में बड़ी बड़ी अभिलाषाएँ थीं, मेरी लालसा थी कि तुम्हारा ब्याह करूँगी, तुम्हारे बच्चे को खिलाउंगी। पर भाग्य में कुछ और ही बदा था।

यह कहते–कहते वह फिर अचेत हो गयी। सारा घर रो रहा था। महरियां, महाराजिनें सब उसकी प्रशंसा कर रही थी कि स्त्री नहीं, देवी थी।

रधिया–इतने दिन टहल करते हुए, पर कभी कठोर वचन न कहा।

महाराजिन–हमको बेटी की भाँति मानती थीं। भोजन कैसा ही बना दूं पर कभी नाराज नहीं हुई। जब बातें करती, मुस्करा के। महाराज जब आते तो उन्हें जरूर सीधा दिलवाती थी।

सब इसी प्रकार की बातें कर रहे थे। दोपहर का समय हुआ। महाराजिन ने भोजन बनाया, परन्तु खाता कौन? बहुत हठ करने पर मुंशीजी गये और नाम करके चले आये। प्रताप चौके पर गया भी नहीं। विरजन और सुवामा को गले लगाती, कभी प्रताप को चूमती और कभी अपनी बीती कह–कहकर रोती। तीसरे पहर उसने सब नौकरों को बुलाया और उनसे अपराध क्षमा कराया। जब वे सब चले गये तब सुशीला ने सुवामा से कहा–बहिन प्यास बहुत लगती है। उनसे कह दो अपने हाथ से थोड़ा–सा पानी पिला दें। मुंशीजी पानी लाये। सुशीला ने कठिनता से एक घूंट पानी कण्ठ से नीचे उतारा और ऐसा प्रतीत हुआ, मानो किसी ने उसे अमृत पिला दिया हो। उसका मुख उज्जवल हो गया आँखों में जल भर आया। पति के गले में हाथ डालकर बोली–मैं ऐसी भाग्यशालिनी हूँ कि तुम्हारी गोद में मरती हूँ। यह कहकर वह चुप हो गयी, मानों कोई बात कहना ही चाहती है, पर संकोच से नहीं कहती। थोडी देर पश्चात् उसने फिर मुंशीजी का हाथ पकड़ लिया और कहा–'यदि तुमसे कुछ माँगू,तो दोगे?

मुंशीजी ने विस्मित होकर कहा–तुम्हारे लिए माँग।ने की आवश्यकता है? नि:संकोच कहो।

सुशीला–तुम मेरी बात कभी नहीं टालते थे।

मुंशीजी–मरते दम तक कभी न टालूंगा।

सुशीला–डर लगता है, कहीं न मानो तो...

मुंशीजी–तुम्हारी बात और मैं न मानूं?

सुशीला–मैं तुमको न छोडूंगी। एक बात बतला दो–सिल्ली(सुशीला)मर जायेगी, तो उसे भूल जाओगे?

मुंशीजी–ऐसी बात न कहो, देखो विरजन रोती है।

सुशीला–बतलाओ, मुझे भूलोगे तो नहीं?

मुंशीजी–कभी नहीं।

सुशीला ने अपने सूखे कपोल मुंशीजी के अधरों पर रख दिये और दोनों बांहें उनके गले में डाल दीं। फिर विरजन को निकट बुलाकर धीरे–धीरे समझाने लगी देखो बेटी। लालाजी का कहना हर घड़ी मानना, उनकी सेवा मन लगाकर करना। गृह का सारा भार अब तुम्हारे ही माथे है। अब तुम्हें कौन संभालेगा? यह कह कर उसने स्वामी की ओर करूणापूर्ण नेत्रों से देखा और कहा–मैं अपने मन की बात नहीं कहने पायी, जी डूबा जाता है।

मुंशीजी–तुम व्यर्थ असमंजस में पड़ी हो।

सुशीला–तुम मेरे हो कि नहीं?

मुंशीजी–तुम्हारा और आमरण तुम्हारा।

सुशीला–ऐसा न हो कि तुम मुझे भूल जाओं और जो वस्तु मेरी थी वह अन्य के हाथ में चली जाए।

सुशीला ने विरजन को फिर बुलाया और उसे वह छाती से लगाना ही चाहती थी कि मूर्छित हो गई। विरजन और प्रताप रोने लगे। मुंशीजी ने कांपते हुए सुशीला के हृदय पर हाथ रखा। साँस धीरे–धीरे चल रही थी। महाराजिन को बुलाकर कहा –अब इन्हें भूमि पर लिटा दो। यह कह कर रोने लगे। महाराजिन और सुवामा ने मिलकर सुशीला को पृथ्वी पर लिटा दिया। तपेदिक ने हड़्डियां तक सुखा डाली थीं।

अंधेरा हो चला था। सारे गृह में शोकमय और भयावह सन्नाटा छाया हुआ था। रोनेवाले रोते थे, पर कण्ठ बांध–बांधकर। बातें होती थी, पर दबे स्वरों से। सुशीला भूमि पर पड़ी हुई थी। वह सुकुमार अंग जो कभी माता के अंग में पला, कभी प्रेमाँक में प्रौढा, कभी फूलों की सेज पर सोया, इस समय भूमि पर पड़ा हुआ था। अभी तक नाडी मन्द–मन्द गति से चल रही थी। मुंशीजी शोक और निराशानद में मग्न उसके सिर की ओर बैठे हुए थे। अकस्मात् उसने सिर उठाया और दोनों हाथों से मुंशीजी का चरण पकड़

लिया। प्राण उड़ गये। दोनों कर उनके चरण का मण्डल बांधे ही रहे। यह उसके जीवन की अंतिम क्रिया थी।

रोनेवालो, रोओ। क्योंकि तुम रोने के अतिरिक्त कर ही क्या सकते हो? तुम्हें इस समय कोई कितनी ही सान्त्वना दे, पर तुम्हारे नेत्र अश्रु–प्रवाह को न रोक सकेंगे। रोना तुम्हारा कर्तव्य है। जीवन में रोने के अवसर कदाचित मिलते हैं। क्या इस समय तुम्हारे नेत्र शुष्क हो जायेगें? आंसुओं के तार बंधे हुए थे, सिसकियों के शब्द आ रहे थे कि महाराजिन दीपक जलाकर घर में लायी। थोडी देर पहिले सुशीला के जीवन का दीपक बुझ चुका था।

11.

विरजन की विदाई

राधाचरण रूड़की कालेज से निकलते ही मुरादाबाद के इंजीनियर नियुक्त हुए और चन्द्रा उनके संग मुरादाबाद को चली। प्रेमवती ने बहुत रोकना चाहा, पर जानेवाले को कौन रोक सकता है। सेवती कब की ससुराल आ चुकी थी। यहाँ घर में अकेली प्रेमवती रह गई। उसके सिर घर का काम–काज पड़ा। निदान यह राय हुई कि विरजन के गौने का संदेशा भेजा जाए। डिप्टी साहब सहमत न थे, परन्तु घर के कामों में प्रेमवती ही की बात चलती थी।

संजीवनलाल ने संदेशा स्वीकार कर लिया। कुछ दिनों से वे तीर्थयात्रा का विचार कर रहे थे। उन्होंने क्रम–क्रम से साँसारिक संबंध त्याग कर दिये थे। दिन–भर घर में आसन मारे भगवदगीता और योगवशिष्ठ आदि ज्ञान–संबन्धिनी पुस्तकों का अध्ययन किया करते थे। संध्या होते ही गंगा–स्नान को चले जाते थे। वहाँ से रात्रि गये लौटते और थोड़ा–सा भोजन करके सो जाते। प्राय: प्रतापचन्द्र भी उनके संग गंगा–स्नान को जाता। यद्यपि उसकी आयु सोलह वर्ष की भी न थी, पर कुछ तो यनिज स्वभाव, कुछ पैतृक संस्कार और कुछ संगति के प्रभाव से उसे अभी से वैज्ञानिक विषयों पर मनन और विचार करने में बड़ा आनन्द प्राप्त होता था। ज्ञान तथा ईश्वर संबन्धिनी बातें सुनते–सुनते उसकी प्रवृति भक्ति की ओर चली थी, और किसी–किसी समय मुन्शीजी से ऐसे सूक्ष्म विषयों पर विवाद करता कि वे विस्मित हो जाते। वृजरानी पर सुवामा की शिक्षा का उससे भी गहरा प्रभाव पड़ा था जितना कि

प्रतापचन्द्र पर मुन्शीजी की संगति और शिक्षा का। उसका पन्द्रहवा वर्ष था। इस आयु में नयी उमंगें तरंगित होती हैं और चितवन में सरलता चंचलता की तरह मनोहर रसीलापन बरसने लगता है। परन्तु वृजरानी अभी वही भोली–भाली बालिका थी। उसके मुख पर हृदय के पवित्र भाव झलकते थे और वार्तालाप में मनोहारिणी मधुरता उत्पन्न हो गयी थी। प्रातःकाल उठती और सबसे प्रथम मुन्शीजी का कमरा साफ करके, उनके पूजा–पाठ की सामग्री यथोचित रीति से रख देती। फिर रसोई घर के धन्धे में लग जाती। दोपहर का समय उसके लिखने–पढ़ने का था। सुवामा पर उसका जितना प्रेम और जितनी श्रद्धा थी, उतनी अपनी माता पर भी न रही होगी। उसकी इच्छा विरजन के लिए आज्ञा से कम न थी।

सुवामा की तो सम्मति थी कि अभी विदाई न की जाए। पर मुन्शीजी के हठ से विदाई की तैयारियां होने लगी। ज्यों–ज्यों वह विपति की घड़ी निकट आती, विरजन की व्याकुलता बढ़ती जाती थी। रात–दिन रोया करती। कभी पिता के चरणों में पड़ती और कभी सुवामा के पदों में लिपट जाती। पर विवाहिता कन्या पराये घर की हो जाती है, उस पर किसी का क्या अधिकार।

प्रतापचन्द्र और विरजन कितने ही दिनों तक भाई–बहन की भाँति एक साथ रहें। पर जब विरजन की आँखे उसे देखते ही नीचे को झुक जाती थीं। प्रताप की भी यही दशा थी। घर में बहुत कम आता था। आवश्यकतावश आया, तो इस प्रकार दृष्टि नीचे किए हुए और सिमटे हुए, मानों दुलहिन है। उसकी दृष्टि में वह प्रेम रहस्य छिपा हुआ था, जिसे वह किसी मनुष्य–यहाँ तक कि विरजन पर भी प्रकट नहीं करना चाहता था।

एक दिन सन्ध्या का समय था। विदाई को केवल तीन दिन रह गये थे। प्रताप किसी काम से भीतर गया और अपने घर में लैम्प जलाने लगा कि विरजन आयी। उसका अंचल आंसुओं से भीगा हुआ था। उसने आज दो वर्ष के अनन्तर प्रताप की ओर सजल–नेत्र से देखा और कहा–लल्लू। मुझसे कैसे सहा जाएगा?

प्रताप के नेत्रों में आँसू न आये। उसका स्वर भारी न हुआ। उसने सुदृढ भाव से कहा–ईश्वर तुम्हें धैर्य धारण करने की शक्ति देंगे।

विरजन का सिर झुक गया। आँखें पृथ्वी में पड़ गयीं और एक सिसकी ने हृदय वेदना की यह अगाध कथा वर्णन की, जिसका होना वाणी द्वारा असंभव था।

विदाई का दिन लड़कियों के लिए कितना शोकमय होता है। बचपन की सब सखियों–सहेलियों, माता–पिता, भाई–बन्धु से नाता टूट जाता है। यह विचार कि मैं फिर भी इस घर में आ सकूँगी, उसे तनिक भी संतोष नहीं देता। क्यों अब वह आयेगी तो अतिथिभाव से आयेगी। उन लोगों से विलग होना, जिनके साथ जीवनोद्यान में खेलना और स्वातंगय–वाटिका में भ्रमण करना उपलब्ध हुआ हो, उसके हृदय को विदीर्ण कर देता है। आज से उसके सिर पर ऐसा भार पडता है, जो आमरण उठाना पड़ेगा।

विरजन का श्रृंगार किया जा रहा था। नाइन उसके हाथों व पैरों में मेंहदी रचा रही थी। कोई उसके बाल गूंथ रही थी। कोई जूड़े में सुगन्ध बसा रही थी। पर जिसके लिये ये तैयारियां हो रही थी, वह भूमि पर मोती के दाने बिखेर रही थी। इतने में बाहर से संदेशा आया कि मुहूर्त टला जाता है, जल्दी करो। सुवामा पास खड़ी थी। विरजन, उसके गले लिपट गयी और अश्रु–प्रवाह का आंतक, जो अब तक दबी हुई अग्नि की नाई सुलग रहा था, अकस्मात् ऐसा भड़क उठा मानों किसी ने आग में तेल डाल दिया है।

थोड़ी देर में पालकी द्वार पर आयी। विरजन पडोस की स्त्रियों से गले मिली। सुवामा के चरण छुए, तब दो–तीन स्त्रियों ने उसे पालकी के भीतर बिठा दिया। उधर पालकी उठी, इधर सुवामा मूर्छित हो भूमि पर गिर पड़ी, मानों उसके जीते ही कोई उसका प्राण निकालकर लिये जाता था। घर सूना हो गया। सैकंडों स्त्रियों का जमघट था, परन्तु एक विरजन के बिना घर फाड़े खाता था।

12.
कमलाचरण के मित्र

जैसे सिन्दूर की लालिमा से माँग रच जाती है, जैसे ही विरजन के आने से प्रेमवती के घर की रौनक बढ गयी। सुवामा ने उसे ऐसे गुण सिखाये थे कि जिसने उसे देखा, मोह गया। यहाँ तक कि सेवती की सहेली रानी को भी प्रेमवती के सम्मुख स्वीकार करना पड़ा कि तुम्हारी छोटी बहू ने हम सबों का रंग फीका कर दिया। सेवती उससे दिन–दिन भर बातें करती और उसका जी न ऊबता। उसे अपने गाने पर अभिमान था, पर इस क्षेत्र में भी विरजन बाजी ले गयी।

अब कमलाचरण के मित्रों ने आग्रह करना शुरू किया कि भाई, नई दुलहिन घर में लाये हो, कुछ मित्रों की भी फिक्र करों। सुनते हैं परम सुन्दरी पाये हो।

कमलाचरण को रूपये तो ससुराल से मिले ही थे, जेब खनखनाकर बोले–अजी, दावत लो। शराबें उड़ाओ। हाँ, बहुत शोरगुल न मचाना, नहीं तो कहीं भीतर खबर होगी तो समझेगें कि ये गुण्डे हैं। जब से वह घर में आयी है, मेरे तो होश उड़े हुए हैं। कहता हूँ, अंग्रेजी, फारसी, संस्कृत, अलम–गलम सभी घोटे बैठी है। डरता हूँ कहीं अंग्रेजी में कुछ पूछ बैठी, या फारसी में बातें करने लगे, मुंह ताकने के सिवाय और क्या करूंगा? इसलिए अभी जी बचाता फिरता हूँ।

यों तो कमलाचरण के मित्रों की संख्या अपरिमित थी। नगर के जितने कबूतर बाज, कनकौएबाज गुण्डे थे सब उनके मित्र परन्तु सच्चे मित्रों में

केवल पाँच महाशय थे और सभी–के–सभी फाकेमस्त छिछोरे थे। उनमें सबसे अधिक शिक्षित मिया मजीद थे। ये कचहरी में अरायज किया करते थे। जो कुछ मिलता, वह सब शराब में भेंट करते। दूसरा नम्बर हमीदंखा का था। इन महाशय ने बहुत पैतृक संपति पायी थी, परन्तु तीन वर्ष में सब कुछ विलास में लुटा दी। अब यह ढंग था कि सांय को सज–धजकर गलियों में धूल फाँकते फिरते थे। तीसरे हजरत सैयद हुसैन थे–पक्के जुआरी, नाल के परम भक्त, सैकडों के दांव लगाने वाले, स्त्री गहनों पर हाथ मॉजना तो नित्य का इनका काम था। शेष दो महाशय रामसेवकलालल और चन्दूलाल कचहरी में नौकर थे। वेतन कम, पर ऊपरी आमदनी बहुत थी। आधी सुरापान की भेंट क़रते, आधी भोग–विलास में उड़ाते। घर में लोग भूखे मरें या भिक्षा माँगें, इन्हें केवल अपने सुख से काम था।

सलाह तो हो चुकी थी। आठ बजे जब डिप्टी साहब लेटे तो ये पाँचों जने एकत्र हुए और शराब के दौर चलने लगे। पाँचों पीने में अभ्यस्त थे। अब नशे का रंग जमा,बहक–बहककर बातें करने लगे।

मजीद–क्यों भाई कमलाचरण, सच कहना, स्त्री को देखकर जी खुश हो गया कि नहीं?

कमला–अब आप बहकने लगे क्यों?

रामसेवक–बतला क्यों नहीं देते, इसमें झेंपने की कौन–सी बात है?

कमला–बतला क्या अपना सिर दूं, कभी सामने जाने का संयोग भी तो हुआ हो। कल किवाड़ की दरार से एक बार देख लिया था, अभी तक चित्र आँखों पर फिर रहा है।

चन्दूलाल–मित्र, तुम बड़े भाग्यवान हो।

कमला–ऐसा व्याकुल हुआ कि गिरते–गिरते बचा। बस, परी समझ लो।

मजीद–तो भई, यह दोस्ती किस दिन काम आयेगी। एक नजर हमें भी दिखाओं।

सैयद–बेशक दोस्ती के यही मानी है कि आपस में कोई पर्दा न रहे।

चन्दूलाल–दोस्ती में क्या पर्दा? अंग्रेजो को देखों,बीबी डोली से उतरी नहीं कि यार दोस्त हाथ मिलाने लगे।

रामसेवक–मुझे तो बिना देखे चैन न आयेगा?

कमला–(एक धप लगा कर) जीभ काट ली जायेगी, समझे?

रामसेवक–कोई चिन्ता नहीं, आँखें तो देखने को रहेंगी।

मजीद–भई कमलाचरण, बुरा मानने की बात नहीं, अब इस वक्त तुम्हारा फर्ज है कि दोस्तों की फरमाइश पूरी करो।

कमला–अरे। तो मैं नहीं कब करता हूँ?

चन्दूलाल–वाह मेरे शेर। ये ही मर्दो की सी बातें है। तो हम लोग बन–ठनकर आ जायें, क्यों?

कमला–जी, जरा मुँह में कालिख लगा लीजियेगा। बस इतना बहुत है।

सैयद–तो आज ही ठहरी न।

इधर तो शराब उड़ रही थी, उधर विरजन पलंग पर लेटी हुई विचार में मग्न हो रही थी। बचपन के दिन भी कैसे अच्छे होते हैं। यदि वे दिन एक बार फिर आ जाते। ओह। कैसा मनोहर जीवन था। संसार प्रेम और प्रीति की खान थी। क्या वह कोई अन्य संसार था? क्या उन दिनों संसार की वस्तुएं बहुत सुन्दर होती थीं? इन्हीं विचारों में आँख झपक गयी और बचपन की एक घटना आँखों के सामने आ गयी। लल्लू ने उसकी गुड़िया मरोड़ दी। उसने उसकी किताब के दो पन्ने फाड़ दिये। तब लल्लू ने उसकी पीठ में ज़ोर से चुटकी ली, बाहर भागा। वह रोने लगी और लल्लू को कोस रही थी कि सुवामा उसका हाथ पकडे आयी और बोली–क्यों बेटी इसने तुम्हें मारा है न? यह बहुत मार–मार कर भागता है। आज इसकी खबर लेती हैं, देखू कहाँ मारा है। लल्लू ने डबडबायी आँखों से विरजन की ओर देखा। तब विरजन ने मुस्करा कर कहा–मुझे उन्होंने कहाँ मारा है। ये मुझे कभी नहीं मारते। यह कहकर उसका हाथ पकड लिया। अपने हिस्से की मिठाई खिलाई और फिर दोनों मिलकर खेलने लगे। वह समय अब कहाँ।

रात्रि अधिक बीत गयी थी, अचानक विरजन को जान पड़ा कि कोई सामने वाली दीवार धमधमा रहा है। उसने कान लगाकर सुना। बराबर शब्द आ रहे थे। कभी रूक जाते फिर सुनायी देते। थोडी देर में मिट्टी गिरने लगी। डर

के मारे विरजन के हाथ–पांव फूलने लगे। कलेजा धक–धक करने लगा। जी कड़ा करके उठी और महाराजिन चतुर स्त्री थी। समझी कि चिल्लाऊँगी तो जाग हो जायेगी। उसने सुन रखा था कि चोर पहिले सेध में पांव डालकर देखते है तब आप घुसते हैं। उसने एक डंडा उठा लिया कि जब पैर डालेगा तो ऐसा तानकर मारूंगी कि टाँग टूट जाएगी। पर चोर न पांव के स्थान पर सिर रख दिया। महाराजिन घात में थी ही डंडा चला दिया। खटक की आवाज आयी। चोर ने झट सिंर खीच लिया और कहता हुआ सुनायी दिया–'उफ मार डाला, खोपडी झन्ना गयी। फिर कई मनुष्यों के हँसने की ध्वनि आयी और तत्पश्चात सन्नाटा हो गया। इतने में और लोग भी जाग पडे और शेष रात्रि बातचीत में व्यतीत हुई।

प्रात:काल जब कमलाचरण घर में आये, तो नेत्र लाल थे और सिर में सूजन थी। महाराजिन ने निकट जाकर देखा, फिर आकर विरजन से कहा–बहू एक बात कहूँ। बुरा तो न मानोगी?

विरजन–बुरा क्यों मानूगी, कहो क्या कहती हो?

महाराजिन–रात को सेंध पड़ी थी वह चोरों ने नहीं लगायी थी।

विरजन –फिर कौन था?

महाराजिन–घर ही के भेदी थे। बाहरी कोई न था।

विरजन–क्या किसी कहारन की शरारत थी?

महाराजिन–नहीं, कहारों में कोई ऐसा नहीं है।

विरजन फिर कौन था, स्पष्ट क्यों नहीं कहती?

महाराजिन–मेरी जान में तो छोटे बाबू थे। मैंने जो लकड़ी मारी थी, वह उनके सिर में लगी। सिर फूला हुआ है।

इतना सुनते ही विरजन की भृकुटी चढ़ गयी। मुखमंडल अरुण हो आया। क्रुद्ध होकर बोली–महाराजिन, होश संभालकर बातें करो। तुम्हें यह कहते हुए लाज नहीं आती? तुम्हें मेरे सम्मुख ऐसी बात कहने का साहस कैसे हुआ? साक्षात् मेरे ऊपर कलंक का टीका लगा रही हो। तुम्हारे बुढ़ापे पर दया आती है, नहीं तो अभी तुम्हें यहाँ से खड़े–खड़े निकलवा देती। तब तुम्हें

विदित होता कि जीभ को वश में न रखने का क्या फल होता है! यहाँ से उठ जाओ, मुझे तुम्हारा मुँह देखकर ज्वर–सा चढ़ रहा है। तुम्हें इतना न समझ पड़ा कि मैं कैसा वाक्य मुँह से निकाल रही हूँ। उन्हें ईश्वर ने क्या नहीं दिया है? सारा घर उनका है। मेरा जो कुछ है, उनका है। मैं स्वयं उनकी चेरी हूँ। उनके संबंध में तुम ऐसी बात कह बैठीं।

परन्तु जिस बात पर विरजन इतनी क्रुद्ध हुई, उसी बात पर घर के और लोगों को विश्वास हो गया। डिप्टी साहब के कान में भी बात पहुँची। वे कमलाचरण को उससे अधिक दुष्ट–प्रकृति समझते थे, जितना वह था। भय हुआ कि कहीं यह महाशय बहू के गहनों पर न हाथ बढ़ायें: अच्छा हो कि इन्हें छात्रालय में भेज दूं। कमलाचरण ने यह उपाय सुना तो बहुत छटपटाया, पर कुछ सोच कर छात्रालय चला गया। विरजन के आगमन से पूर्व कई बार यह सलाह हुई थी, पर कमला के हठ के आगे एक भी न चलती थी। यह स्त्री की दृष्टि में गिर जाने का भय था, जो अब की बार उसे छात्रालय ले गया।

13.

कायापलट

पहला दिन तो कमलाचरण ने किसी प्रकार छात्रालय में काटा। प्रातः से सायंकाल तक सोया किये। दूसरे दिन ध्यान आया कि आज नवाब साहब और तोखे मिर्जा के बटेरों में बढ़ाऊ जोड़ हैं। कैसे–कैसे मस्त पड़े हैं! आज उनकी पकड़ देखने के योग्य होगी। सारा नगर फट पड़े तो आश्चर्य नहीं। क्या दिल्लगी है कि नगर के लोग तो आनंद उड़ायें और मैं पड़ा रोऊं। यह सोचते–सोचते उठा और बात–की बात में अखाड़े में था।

यहाँ आज बड़ी भीड़ थी। एक मेला–सा लगा हुआ था। भिश्ती छिड़काव कर रहे थे, सिगरेट, खोमचे वाले और तम्बोली सब अपनी–अपनी दुकान लगाये बैठे थे। नगर के मनचले युवक अपने हाथों में बटेर लिये या मखमली अड्डों पर बुलबुलों को बैठाये मटरगश्ती कर रहे थे कमलाचरण के मित्रों की यहाँ क्या कमी थी? लोग उन्हें खाली हाथ देखते तो पूछते–अरे राजा साहब! आज खाली हाथ कैसे? इतने में मियां, सैयद मजीद, हमीद आदि नशे में चूर, सिगरेट के धुएं भकाभक उड़ाते दीख पड़े। कमलाचरण को देखते ही सब–के–सब सरपट दौड़े और उससे लिपट गये।

मजीद–अब तुम कहाँ गायब हो गये थे यार, कुरान की कसम मकान के सैंकड़ो चक्कर लगाये होंगे।

रामसेवक–आजकल आनंद की रातें हैं, भाई! आँखें नहीं देखते हो, नशा–सा चढ़ा हुआ है।

चन्दलाल–चैन कर रहा है पट्ठा। जब से सुन्दरी घर में आयी, उसने बाजार की सूरत तक नहीं देखी। जब देखीये, घर में घुसा रहता है। खूब चैन कर ले यार!

कमला चैन क्या खाक करुं? यहाँ तो कैद में फंस गया। तीन दिन से बोर्डिंग में पड़ा हुआ हूँ।

मजीद–अरे! खुदा की कसम?

कमला –सच कहता हूँ, परसों से मिट्टी पलीद हो रही है। आज सबकी आँख बचाकर निकल भागा।

रामसेवक–खूब उड़े। वह मुछंदर सुपरिण्टेण्डण्ट झल्ला रहा होगा।

कमला यह मार्के का जोड़ छोड़कर किताबों में सिर कौन मारता।

सैयद–यार, आज उड़ आये तो क्या? सच तो यह है कि तुम्हारा वहाँ रहना आफत है। रोज तो न आ सकोगे? और यहाँ आये दिन नयी सैर, नयी–नयी बहारें, कल लाला डिग्गी पर, परसों प्रेट पर, नरसों बेड़ों का मेला–कहाँ तक गिनाऊं, तुम्हारा जाना बुरा हुआ।

कमला–कल की कटाव तो मैं जरुर देखूँगा, चाहे इधर की दुनिया उधर हो जाया।

सैयद–और बेड़ों का मेला न देखा तो कुछ न देखा।

तीसरे पहर कमलाचरण मित्रों से विदा होकर उदास मन छात्रालय की ओर चला। मन में एक चोर–सा बैठा हुआ था। द्वार पर पहुँचकर झांकने लगा कि सुपरिण्टेण्डेण्ट साहब न हों तो लपककर कमरे में हो। तो यह देखता है कि वह भी बाहर ही की ओर आ रहे हैं। चित्त को भली–भाँति दृढ़ करके भीतर पैठा।

सुरिण्टेण्डेण्ट साहब ने पूछा–अब तक कहाँ थे?

'एक काम से बाजार गया था।

'यह बाजार जाने का समय नहीं है।

'मुझे ज्ञात नहीं था, अब ध्यान रखूँगा। रात को जब कमला चारपाई पर लेटा तो सोचने लगा–यार, आज तो बच गया, पर उत्तम तभी हो कि कल

बचूं। और परसों भी महाशय की आँख में धूल डालूं। कल का दृश्य वस्तुतःदर्शनीय होगा। पतंग आकाश में बातें करेंगे और लम्बे–लम्बे पेंच होंगे। यह ध्यान करते–करते सो गया। दूसरे दिन प्रातःकाल छात्रालय से निकल भागा। सुहृदगण लाल डिग्गी पर उसकी प्रतीक्षा कर रहे थे। देखते ही गदगद् हो गये और पीठ ठोंकी।

कमलाचरण कुछ देर तक तो कटाव देखता रहा फिर शौक चर्राया कि क्यों न मैं भी अपने कनकौए मंगाऊं और अपने हाथों की सफाई दिखलाऊँ। सैयद ने भड़काया, बद–बदकर लड़ाओ। रुपये हम देंगे। चट घर पर आदमी दौड़ा दिया। पूरा विश्वास था कि अपने माँझे से सबको परास्त कर दूंगा। परन्तु जब आदमी घर से खाली हाथ आया, तब तो उसकी देह में आग–सी–लग गयी। हण्टर लेकर दौड़ा और घर पहुँचते ही कहारों को एक ओर से सटर–सटर पीटना आरंभ किया। बेचारे बैठे हुक्का: तमाखू कर रहे थे। निरपराध अचानक हण्टर पड़े तो चिल्ला चिल्लाकर रोने लगे। सारे मुहल्ले में एक कोलाहल मच गया। किसी को समझ ही में न आया कि हमारा क्या दोष है? वहाँ कहारों का भली–भाँति सत्कार करके कमलाचरण अपने कमरे में पहुँचा। परन्तु वहाँ की दुर्दशा देखकर क्रोध और भी प्रज्ज्वलित हो गया। पतंग फटे हुए थे, चर्खियां टूटी हुई थीं, माँझे लच्छियां उलझ पड़ी थीं, मानो किसी आपत्ति ने इन यवन योद्धाओं का सत्यानाश कर दिया था। समझ गया कि अवश्य यह माताजी की करतूत है। क्रोध से लाल माता के पास गया और उच्च स्वर से बोला–क्या माँ! तुम सचमुच मेरे प्राण ही लेने पर आ गयी हो? तीन दिन हुए कारागार में भिजवाया पर इतने पर भी चित्त को संतोष न हुआ। मेरे विनोद की सामग्रियों को नष्ट कर डाला क्यों?

प्रेमवती–(विस्मय से) मैंने तुम्हारी कोई चीज नहीं छुई! क्या हुआ?

कमला–(बिगड़कर) झूठों के मुख में कीड़े पड़ते हैं। तुमने मेरी वस्तुएं नहीं छुई तो किसको साहस है जो मेरे कमरे में जाकर मेरे कनकौए और चर्खियां सब तोड़–फोड़ डाले, क्या इतना भी नहीं देखा जाता।

प्रेमवती–ईश्वर साक्षी है। मैंने तुम्हारे कमरे में पांव भी नहीं रखा। चलो, देखूँ कौन–कौन चीजें टूटी हैं। यह कहकर प्रेमवती तो इस कमरे की ओर

चली और कमला क्रोध से भरा आंगन में खड़ा रहा कि इतने में माधवी विरजन के कमरे से निकली और उसके हाथ में एक चिट्ठी देकर चली गयी। लिखा हुआ था–

'अपराध मैंने किया है। अपराधिन मैं हूँ। जो दण्ड चाहे दीजिए।

यह पत्र देखते ही कमला भीगी बिल्ली बन गया और दबे पांव बैठक की ओर चला। प्रेमवती पर्दे की आड़ से सिसकते हुए नौकरों को डांट रही थी, कमलाचरण ने उसे मना किया और उसी क्षण कुछ और कनकौए जो बचे हुए थे, स्वंय फाड़ डाले, चर्खियां टुकड़े–टुकड़े कर डाली और डोर में दियासलाई लगा दी। माता के ध्यान ही में नहीं आता था कि क्या बात है? कहाँ तो अभी–अभी इन्हीं वस्तुओं के लिए संसार सिर पर उठा लिया था, और कहा आप ही उसका शत्रु हो गया। समझी, शायद क्रोध से ऐसा कर रहा हो मानने लगीं, पर कमला की आकृति से क्रोध तनिक भी प्रकट न होता था। स्थिरता से बोला–क्रोध में नहीं है। आज से दृढ़ प्रतिज्ञा करता हूँ कि पतंग कभी न उड़ाऊँगां मेरी मूर्खता थी, इन वस्तुओं के लिए आपसे झगड़ बैठा।

जब कमलाचरण कमरे में अकेला रह गया तो सोचने लगा–निस्सन्देह मेरा पतंग उड़ाना उन्हें नापसन्द है, इससे हार्दिक घृणा है; नहीं तो मुझ पर यह अत्याचार कदापि न करतीं। यदि एक बार उनसे भेंट हो जाती तो पूछता कि तुम्हारी क्या इच्छा है; पर कैसे मुँह दिखाऊँ। एक तो महामूर्ख, तिस पर कई बार अपनी मूर्खता का परिचय दे चुका। सेंधवाली घटना की सूचना उन्हें अवश्य मिली होगी। उन्हें मुख दिखाने के योग्य नहीं रहा अब तो यही उपाय है कि न तो उनका मुख देखूँ न अपना दिखाऊँ, या किसी प्रकार कुछ विद्या सीखूं। हाय ! इस सुन्दरी ने कैसा स्वरुप पाया है! स्त्री नहीं अप्सरा जान पड़ती है। क्या अभी वह दिन भी होगा जब कि वह मुझसे प्रेम करेगी? क्या लाल–लाल रसीले अधर है! पर है कठोर हृदय। दया तो उसे छू नही गयी। कहती है जो दण्ड दूँ? यदि पा जाऊँ हृदय से लगा लूँ। अच्छा, तो अब आज से पढ़ना चाहिये। यह सोचते-सोचते उठा और दरबा खोलकर कबूतरों को उड़ाने लगा। सैकड़ों जोड़े थे ओर एक–से–एक बढ़–चढ़कर। आकाश में तारे बन जाएं, उड़े तो दिन–भर उतरने का नाम न लें। जगर कबूतरबाज एक–एक

जोड़ पर गुलामी करने को तैयार थे। परन्तु क्षण–मात्र में सब–के–सब उड़ा दिये। जब दरबा खाली हो गया, तो कहारों को आज्ञा दी कि इसे उठा ले जाओ और आग में जला दो। छत्ता भी गिरा दो, नहीं तो सब कबूतर जाकर उसी पर बैठेंगें। कबूतरों का काम समाप्त करके बटेरों और बुलबुलों की ओर चले और उनको भी कारागार से मुक्त कर दिया।

बाहर तो यह चरित्र हो रहा था, भीतर प्रेमवती छाती पीट रही थी कि लड़का न जाने क्या करने पर तत्पर हुआ है? विरजन को बुलाकर कहा–बेटी? बच्चे को किसी प्रकार रोको। न–जाने उसने मन में क्या ठानी है? यह कहकर रोने लगी! विरजन को भी सन्देह हो रहा था कि अवश्य इनकी कुछ और नीयत है नहीं तो यह क्रोध क्यों? यद्यपि कमला दुर्व्यसनी था, दुराचारी था, कुचरित्र था, परन्तु इन सब दोषों के होते हुए भी उसमें एक बड़ा गुण भी था, जिसका कोई स्त्री अवहेलना नहीं कर सकती। उसे वृजरानी से सच्ची प्रीति थी। और इसका गुप्त रीति से कई बार परिचय भी मिल गया था। यही कारण था जिसने विरजन को इतना गर्वशील बना दिया था। उसने कागज निकाला और यह पत्र बाहर भेजा।

"प्रियतम, यह कोप किस पर है? केवल इसीलिए कि मैंने दो–तीन कनकौए फाड़ डाले? यदि मुझे ज्ञात होता कि आप इतनी–सी बात पर ऐसे क्रुद्व हो जायेंगे, तो कदापि उन पर हाथ न लगाती। पर अब तो अपराध हो गया, क्षमा कीजिये। यह पहला कसूर है आपकी वृजरानी।"

कमलाचरण यह पत्र पाकर ऐसा प्रमुदित हुआ, माने सारे जगत की संपत्ति प्राप्त हो गयी। उत्तर देने की इच्छा हुई, पर लेखनी ही नहीं उठती थी। न प्रशस्ति मिलती है, न प्रतिष्ठा, न आरंभ का विचार आता, न समाप्ति का। बहुत चाहते हैं कि भावपूर्ण लहलहाता हुआ पत्र लिखूं, पर बुद्धि तनिक भी नहीं दौड़ती।

आज प्रथम बार कमलाचरण को अपनी मूर्खता और निरक्षरता पर रोना आया। शोक ! मैं एक सीधा–सा पत्र भी नहीं लिख सकता। इस विचार से वह रोने लगा और घर के द्वार सब बन्द कर लिये कि कोई देख न ले।

तीसरे पहर जब मुंशी श्यामाचरण घर आये, तो सबसे पहली वस्तु जो उनकी दृष्टि में पड़ी, वह आग का अलावा था। विस्मित होकर नौकरों से पूडा–यह अलाव कैसा?

नौकरों ने उत्तर दिया–सरकार! दरबा जल रहा है।

मुंशीजी–(घुड़ककर) इसे क्यों जलाते हो? अब कबूतर कहाँ रहेंगे?

कहार–छोटे बाबू की आज्ञा है कि सब दरबे जला दो

मुंशीजी–कबूतर कहाँ गये?

कहार–सब उड़ा दिये, एक भी नहीं रखा। कनकौए सब फाड़ डाले, डोर जला दी, बड़ा नुकसान किया।

कहरों ने अपनी समझ में मार–पीट का बदला लिया। बेचारे समझे कि मुंशीजी इस नुकसान के लिये कमलाचरण को बुरा–भला कहेंगे, परन्तु मुंशीजी ने यह समाचार सुना तो भौंचक्के–से रह गये। उन्ही जानवरों पर कमलाचरण प्राण देता था, आज अकस्मात् क्या कायापलट हो गयी? अवश्य कुछ भेद है। कहार से कहा–बच्चे को भेज दो।

एक मिनट में कहार ने आकर कहा–हजुर, दरवाजा भीतर से बन्द है। बहुत खटखटाया, बोलते ही नहीं।

इतना सुनना था कि मुंशीजी का रुधिर शुष्क हो गया। झट सन्देह हुआ कि बच्चे ने विष खा लिया। आज एक जहर खिलाने के मुकदमें का फैसला किया था। नंगे, पाँव दौड़े और बन्द कमरे के किवाड़ पर बलपूर्वक लात मारी और कहा–बच्चा! बच्चा! यह कहते–कहते गला रुंध गया। कमलाचरण। पिता की वाणी पहिचान कर झट उठा और अपने आँसू पोंछकर किवाड़ खोल दिया। परन्तु उसे कितना आश्चर्य हुआ, जब मुंशीजी ने धिक्कार, फटकार के बदले उसे हृदय से लगा लिया और व्याकुल होकर पूछा–बच्चा, तुम्हे मेरे सिर की कसम, बता दो तुमने कुछ खा तो नहीं लिया? कमलाचरण ने इस प्रश्न का अर्थ समझने के लिये मुंशीजी की ओर आँखें उठायी तो उनमें जल भरा था, मुंशीजी को पूरा विश्वास हो गया कि अवश्य विपत्ति का सामना हुआ। एक कहार से कहा डाक्टर साहब को बुला ला। कहना, अभी चलिये।

अब जाकर दुर्बुद्धि कमलाचरण ने पिता की इस घबराहट का अर्थ समझा। दौड़कर उनसे लिपट गया और बोला–आपको भ्रम हुआ है। आपके सिर की कसम, मैं बहुत अच्छी तरह हूँ।

परन्तु डिप्टी साहब की बुद्धि स्थिर न थी; समझे, यह मुझे रोककर विलम्ब करना चाहता है। विनीत भाव से बोले–बच्चा? ईश्वर के लिए मुझे छोड़ दो, मैं सन्दूक से एक औषधि ले आऊँ। मैं क्या जानता था कि तुम इस नीयत से छात्रालय में जा रहे हो।

कमलाचरण–ईश्वर–साक्षी से कहता हूँ, मैं बिलकुल अच्छा हूँ। मैं ऐसा लज्जावान होता, तो इतना मूर्ख क्यों बना रहता? आप व्यर्थ ही डाक्टर साहब को बुला रहे हैं।

मुंशीजी–(कुछ–कुछ विश्वास करके) तो किवाड़ बन्द कर क्या करते थे?

कमलाचरण–भीतर से एक पत्र आया था, उत्तर लिख रहा था।

मुंशीजी–और यह कबूतर वगैरह क्यों उड़ा दिये?

कमला–इसीलिए कि निश्चिंतापूर्वक पढ़ूँ। इन्हीं बखेड़ों में समय नष्ट होता था।

आज मैनें इनका अन्त कर दिया। अब आप देखेंगे कि मैं पढ़ने में कैसा जी लगाता हूँ।

अब जाके डिप्टी साहब की बुद्धि ठिकाने आयी। भीतर जाकर प्रेमवती से समाचार पूछा तो उसने सारी रामायण कह सुनायी। उन्होंने जब सुना कि विरजन ने क्रोध में आकर कमला के कनकौए फाड़ डाले और चर्खियां तोड़ डाली तो हँस पड़े और कमलाचरण के विनोद के सर्वनाश का भेद समझ में आ गया। बोले–जान पड़ता है कि बहू इन लालजी को सीधा करके छोड़ेगी।

14.

भ्रम

वृजरानी की विदाई के पश्चात सुवामा का घर ऐसा सूना हो गया, मानो पिंजरे से सुआ उड़ गया। वह इस घर का दीपक और शरीर की प्राण थी। घर वही है, पर चारों ओर उदासी छायी हुई है। रहने वाले वे ही हैं। पर सबके मुख मलिन और नेत्र ज्योतिहीन हो रहे हैं। वाटिका वही है, पर ऋतु पतझड़ की है। विदाई के एक मास पश्चात मुंशी संजीवनलाल भी तीर्थयात्रा करने चले गये। धन–संपत्ति सब प्रताप को समर्पित कर दी। अपने संग मृगछाला, भगवद् गीता और कुछ पुस्तकों के अतिरिक्त कुछ न ले गये।

प्रतापचन्द्र की प्रेमाकांक्षा बड़ी प्रबल थी पर इसके साथ ही उसे दमन की असीम शक्ति भी प्राप्त थी। घर की एक–एक वस्तु उसे विरजन का स्मरण कराती रहती थी। यह विचार एक क्षण के लिए भी दूर न होता था यदि विरजन मेरी होती, तो ऐसे सुख से जीवन व्यतीत होता। परन्तु विचार को वह हटाता रहता था। पढ़ने बैठता तो पुस्तक खुली रहती और ध्यान अन्यत्र जा पहुँचता। भोजन करने बैठता तो विरजन का चित्र नेत्रों में फिरने लगता। प्रेमाग्नि को दमन की शक्ति से दबाते–दबाते उसकी अवस्था ऐसी हो गयी, मानो वर्षों का रोगी है। प्रेमियों को अपनी अभिलाषा पूरी होने की आशा हो या न हो, परन्तु वे मन–ही मन अपनी प्रेमिकाओं से मिलने का आनन्द उठाते रहते हैं। वे भाव–संसार मे अपने प्रेम–पात्र से वार्तालाप करते हैं, उसे छोड़ते हैं, उससे रुठते हैं, उसे मनाते है और इन भावों में उन्हें तृप्ति होती है और

मन को एक सुखद और रसमय कार्य मिल जाता है। परन्तु यदि कोई शक्ति उन्हें इस भावोद्यान की सैर करने से रोके, यदि कोई शक्ति ध्यान में भी उस प्रियतम का चित्र न देखने दे, तो उन अभागे प्रेमियों की क्या दशा होगी? प्रताप इन्हीं अभागों में था। इसमें संदेह नहीं कि यदि वह चाहता तो सुखद भावों का आनन्द भोग सकता था। भाव संसार का भ्रमण अतीव सुखमय होता है, पर कठिनता तो यह थी कि वह विरजन का ध्यान भी कुत्सित वासनाओं से पवित्र रखना चाहता था। उसकी शिक्षा ऐसे पवित्र नियमों से हुई थी और उसे ऐसे पवित्रत्माओं और नीतिपरायण मनुष्यों की संगति से लाभ उठाने के अवसर मिले थे कि उसकी दृष्टि में विचार की पवित्रता की भी उतनी ही प्रतिष्ठा थी जितनी आचार की पवित्रता की। यह कब संभव था कि वह विरजन को–जिसे क़ई बार बहिन कह चुका था और जिसे अब भी बहिन समझने का प्रयत्न करता रहता था–ध्यानावस्था में भी ऐसे भावों का केंद्र बनाता, जो कुवासनाओं से भले ही शुद्व हों, पर मन के दूषित आवेगों से मुक्त नहीं हो सकते थे जब तक मुन्शीजी संजीवनलाल विद्यमान थे, उनका कुछ–न–कुछ समय उनके संग ज्ञान और धर्म–चर्चा में कट जाता था, जिससे आत्मा को संतोष होता था। परन्तु उनके चले जाने के पश्चात आत्म–सुधार का यह अवसर भी जाता रहा।

सुवामा उसे यों मलिन–मन पाती तो उसे बहुत दुःख होता। एक दिन उसने कहा यदि तुम्हारा चित्त न लगता हो, प्रयाग चले जाओ वहाँ शायद तुम्हारा जी लग जाए। यह विचार प्रताप के मन में भी कई बार उत्पन्न हुआ था, परन्तु इस भय से कि माता को यहाँ अकेले रहने में कष्ट होगा, उसने इस पर कुछ ध्यान नहीं दिया था। माता का आदेश पाकर इरादा पक्का हो गया। यात्रा की तैयारियां करने लगा, प्रस्थान का दिन निश्चित हो गया। अब सुवामा की यह दशा है कि जब देखिए, प्रताप को परदेश में रहने–सहने की शिक्षाएं दे रही है–बेटा, देखो किसी से झगड़ा मत मोल लेना। झगड़ने की तुम्हारी वैसे भी आदत नहीं है, परन्तु समझा देती हूँ। परदेश की बात है फूंक–फूंककर पग धरना। खाने–पीने में असंयम न करना। तुम्हारी यह बुरी आदत है कि जाड़ों में सांयकाल ही सो जाते हो, फिर कोई कितना ही बुलाये

पर जागते ही नहीं। यह स्वभाव परदेश में भी बना रहे तो तुम्हें सांझ का भोजन काहे को मिलेगा? दिन को थोड़ी देर के लिए सो लिया करना। तुम्हारी आँखों में तो दिन को जैसे नींद नहीं आती।

उसे जब अवकाश मिला, बेटे को ऐसी समयोचित शिक्षाएं दिया करती। निदान प्रस्थान का दिन आ ही गया। गाड़ी दस बजे दिन को छूटती थी। प्रताप ने सोचा–विरजन से भेंट कर लूं। परदेश जा रहा हूँ। फिर न जाने कब भेंट हो। चित को उत्सुक किया। माता से कह बैठा। सुवामा बहुत प्रसन्न हुई। एक थाल में मोदक समोसे और दो–तीन प्रकार के मुरब्बे रखकर रधियाको दिये कि लल्लू के संग जा। प्रताप ने बाल बनवाये, कपड़े बदले। चलने को तो चला, पर ज्यों–ज्यों पग आगे उठाता है, दिल बैठा जाता है। भाँति–भाँति के विचार आ रहे है। विरजन न जाने क्या मन में समझे, क्या समझे। चार महीने बीत गये, उसने एक चिट्ठी भी तो मुझें अलग से नहीं लिखी। फिर क्योंकर कहूँ कि मेरे मिलने से उसे प्रसन्नता होगी। अजी, अब उसे तुम्हारी चिन्ता ही क्या है? तुम मर भी जाओ तो वह आँसू न बहाये। यहाँ की बात और थी। वह अवश्य उसकी आँखों में खटकेगा। कहीं यह न समझे कि लालाजी बन ठनकर मुझे रिझाने आये हैं। इसी सोच–विचार में गढ़ता चला जाता था। यहाँ तक कि श्यामाचरण का मकान दिखाई देने लगा। कमला मैदान में टहल रहा था उसे देखते ही प्रताप की वह दशा हो गई कि जो किसी चोर की दशा सिपाही को देखकर होती है झट एक घर की आड़ में छिप गया और रधिया से बोला–तू जा, ये वस्तुएँ दे आ। मैं कुछ काम से बाजार जा रहा हूँ। लौटता हुआ जाऊँगा। यह कह कर बाजार की ओर चला, परन्तु केवल दस ही डग चला होगा कि फिर महरी को बुलाया और बोला–मुझे शायद देर हो जाय, इसलिए न आ सकूँगा। कुछ पूछे तो यह चिट्ठी दे देना, कहकर जेब से पेन्सिल निकाली और कुछ पंक्तियां लिखकर दे दी, जिससे उसके हृदय की दशा का भली–भंति परिचय मिलता है।

"मैं आज प्रयाग जा रहा हूँ, अब वहीं पढूंगा। जल्दी के कारण तुमसे नहीं मिल सका। जीवित रहूँगा तो फिर आऊँगा। कभी–कभी अपने कुशल–क्षेम की सूचना देती रहना। तुम्हारा प्रताप"

प्रताप तो यह पत्र देकर चलता हुआ, रधिया धीरे–धीरे विरजन के घर पहुँची। वह इसे देखते ही दौड़ी और कुशल–क्षेम पूछने लगी–लाला की कोई चिट्ठी आयी थी?

रधिया–जब से गये, चिट्ठी–पत्री कुछ भी नहीं आयी।

विरजन–चाची तो सुख से है?

रधिया–लल्लू बाबू प्रयागराज जात हैं तनिक उदास रहत है।

विरजन–(चौंककर) लल्लू प्रयाग जा रहे हैं।

रधिया–हाँ, हम सब बहुत समझाया कि परदेश माँ कहाँ जैहो। मुदा कोऊ की सुनत है?

15.

कर्तव्य और प्रेम का संघर्ष

जब तक विरजन ससुराल से न आयी थी तब तक उसकी दृष्टि में एक हिन्दु पतिव्रता के कर्तव्य और आदर्श का कोई नियम स्थिर न हुआ था। घर में कभी पति–सम्बंधी चर्चा भी न होती थी। उसने स्त्री–धर्म की पुस्तकें अवश्य पढ़ी थीं, परन्तु उनका कोई चिरस्थायी प्रभाव उस पर न हुआ था। कभी उसे यह ध्यान ही न आता था कि यह घर मेरा नहीं है और मुझे बहुत शीघ्र ही यहाँ से जाना पड़ेगा।

परन्तु जब वह ससुराल में आयी और अपने प्राणनाथ पति को प्रतिक्षण आँखों के सामने देखने लगी तो शनैः शनैः चित्–वृतियों में परिवर्तन होने लगा। ज्ञात हुआ कि मैं कौन हूँ, मेरा क्या कर्तव्य है, मेरा क्या धर्म और क्या उसके निर्वाह की रीति है? अगली बातें स्वप्नवत् जान पड़ने लगीं। हाँ जिस समय स्मरण हो आता कि अपराध मुझसे ऐसा हुआ है, जिसकी कालिमा को मैं मिटा नहीं सकती, तो स्वंय लज्जा से मस्तक झुका लेती और अपने को उसे आश्चर्य होता कि मुझे लल्लू के सम्मुख जाने का साहस कैसे हुआ! कदाचित् इस घटना को वह स्वप्न समझने की चेष्टा करती, तब लल्लू का सौजन्यपूर्ण चित्र उसे सामने आ जाता और वह हृदय से उसे आर्शीवाद देती, परन्तु आज जब प्रतापचंद्र की क्षुद्र–हृदयता से उसे यह विचार करने का अवसर मिला कि लल्लू उस घटना को अभी भुला नहीं है, उसकी दृष्टि में अब मेरी प्रतिष्टा नहीं रही, यहाँ तक कि वह मेरा मुख भी नहीं देखना चाहता, तो उसे

ग्लानिपूर्ण क्रोध उत्पन्न हुआ। प्रताप की ओर से चित्त मलिन हो गया और उसकी जो प्रेम और प्रतिष्ठा उसके हृदय में थी वह पल–भर में जल–कण की भाँति उड़ने लगी। स्त्रियों का चित्त बहुत शीघ्र प्रभावग्राही होता है,जिस प्रताप के लिए वह अपना अस्तित्व धूल में मिला देने को तत्पर थी, वही उसके एक बाल–व्यवहार को भी क्षमा नहीं कर सकता, क्या उसका हृदय ऐसा संकीर्ण है? यह विचार विरजन के हृदय में कांटे की भाँति खटकने लगा।

आज से विरजन की सजीवता लुप्त हो गयी। चित्त पर एक बोझ–सा रहने लगा। सोचती कि जब प्रताप मुझे भूल गये और मेरी रत्ती–भर भी प्रतिष्टा नहीं करते तो इस शोक से मैं। क्यों अपना प्राण घुलाऊँ? जैसे 'राम तुलसी से, वैसे तुलसी राम से'। यदि उन्हें मुझसे घृणा है, यदि वह मेरा मुख नहीं देखना चाहते हैं, तो मैं भी उनका मुख देखने से घृणा करती हूँ और मुझे उनसे मिलने की इच्छा नहीं। अब वह अपने ही ऊपर झल्ला उठती कि मैं प्रतिक्षण उन्हीं की बातें क्यों सोचती हूँ और संकल्प करती कि अब उनका ध्यान भी मन में न आने दूँगी, पर तनिक देर में ध्यान फिर उन्हीं की ओर जा पहुँचता और वे ही विचार उसे बेचैन करने लगते। हृदय के इस संताप को शांत करने के लिए वह कमलाचरण को सच्चे प्रेम का परिचय देने लगी। वह थोड़ी देर के लिए कहीं चला जाता, तो उसे उलाहना देती। जितने रुपये जमा कर रखे थे, वे सब दे दिये कि अपने लिए सोने की घड़ी और चेन मोल ले लो। कमला ने इंकार किया तो उदास हो गयी। कमला यों ही उसका दास बना हुआ था, उसके प्रेम का बाहुल्य देखकर और भी जान देने लगा। मित्रों ने सुना तो धन्यवाद देने लगे। मियां हमीद और सैयद अपने भाग्य को धिक्कारने लगे कि ऐसी स्नेही स्त्री हमको न मिली। तुम्हें वह बिन माँगे ही रुपये देती है और यहाँ स्त्रीयों की खींचतान से नाक में दम है।

चाहे अपने पास कानी कौड़ी न हो, पर उनकी इच्छा अवश्य पूरी होनी चाहिये, नहीं तो प्रलय मच जाय। अजी और क्या कहें, कभी घर में एक बीड़े पान के लिए भी चले जाते हैं, तो वहाँ भी दस–पाँच उल्टी–सीधी सुने बिना नहीं चलता। ईश्वर हमको भी तुम्हारी–सी बीवी दे।

यह सब था, कमलाचरण भी प्रेम करता था और वृजरानी भी प्रेम करती थी परन्तु प्रेमियों को संयोग से जो हर्ष प्राप्त होता है, उसका विरजन के मुख

पर कोई चिह्न दिखायी नहीं देता था। वह दिन–दिन दुबली और पतली होती जाती थी। कमलाचरण शपथ दे–देकर पूछता कि तुम दुबली क्यों होती जाती हो? उसे प्रसन्न करने के जो–जो उपाय हो सकते करता, मित्रों से भी इस विषय में सम्मति लेता, पर कुछ लाभ न होता था। वृजरानी हँसकर कह दिया करती कि तुम कुछ चिन्ता न करो, मैं बहुत अच्छी तरह हूँ। यह कहते–कहते उठकर उसके बालों में कंघी लगाने लगती या पंखा झलने लगती। इन सेवा और सत्कारों से कमलाचरण फूला न समाता। परन्तु लकड़ी के ऊपर रंग और रोगन लगाने से वह कीड़ा नहीं मरता, जो उसके भीतर बैठा हुआ उसका कलेजा खाये जाता है। यह विचार कि प्रतापचंद्र मुझे भूल गये और मैं उनकी नजरों में गिर गयी, शूल की भाँति उसके हृदय को व्यथित किया करता था। उसकी दशा दिनों–दिनों बिगड़ती गयी–यहाँ तक कि बिस्तर पर से उठना तक कठिन हो गया। डाक्टरों की दवाएं होने लगी।

उधर प्रतापचंद्र का प्रयाग में जी लगने लगा था। व्यायाम का तो उसे व्यसन था ही। वहाँ इसका बड़ा प्रचार था। मानसिक बोझ हलका करने के लिए शारीरिक श्रम से बढ़कर और कोई उपाय नहीं है। प्रातः कसरत करता, सांयकाल और फुटबाल खेलता, आठ–नौ बजे रात तक वाटिका की सैर करता। इतने परिश्रम के पश्चात् चारपाई पर गिरता तो प्रभात होने ही पर आँख खुलती। छः ही मास में क्रिकेट और फुटबाल का कप्तान बन बैठा और दो–तीन मैच ऐसे खेले कि सारे नगर में धूम हो गयी।

आज क्रिकेट में अलीगढ़ के निपुण खिलाडियों से उनका सामना था। ये लोग हिन्दुस्तान के प्रसिद्ध खिलाड़ियों को परास्त कर विजय का डंका बजाते यहाँ आये थे। उन्हें अपनी विजय में तनिक भी संदेह न था। पर प्रयागवाले भी निराश न थे। उनकी आशा प्रतापचंद्र पर निर्भर थी। यदि वह आध घण्टे भी जम गया, तो रनों के ढेर लगा देगा। और यदि इतनी ही देर तक उसका गेंद चल गया, तो फिर उधर का वार–न्यारा है। प्रताप को कभी इतना बड़ा मैच खेलने का संयोग न मिला था। कलेजा धड़क रहा था कि न जाने क्या हो। दस बजे खेल प्रारंभ हुआ। पहले अलीगढ़वालों के खेलने की बारी आयी। दो–ढाई घंटे तक उन्होंने खूब करामात दिखलाई। एक बजते–बजते

खेल का पहिला भाग समाप्त हुआ। अलीगढ़ ने चार सौ रन किये। अब प्रयागवालों की बारी आयी पर खिलाडियों के हाथ–पांव फूले हुए थे। विश्वास हो गया कि हम न जीत सकेंगे। अब खेल का बराबर होना कठिन है। इतने रन कौन करेगा। अकेला प्रताप क्या बना लेगा? पहिला खिलाड़ी आया और तीसरे गेंद में विदा हो गया। दूसरा खिलाड़ी आया और कठिनता से पाँच गेंद खेल सका। तीसरा आया और पहिले ही गेंद में उड़ गया। चौथे ने आकर दो–तीन हिट लगाये, पर जम न सका। पाँचवे साहब कालेज में एक थे, पर यहां उनकी भी एक न चली। थापी रखते–ही रखते चल दिये। अब प्रतापचन्द्र दृढ़ता से पैर उठाता, बैट घुमाता मैदान में आया दोनों पक्षवालों ने करतल ध्वनि की। प्रयागवालों की दशा अकथनीय थी। प्रत्येक मनुष्य की दृष्टि प्रतापचन्द्र की ओर लगी हुई थी। सबके हृदय धड़क रहे थे। चतुर्दिक सन्नाटा छाया हुआ था। कुछ लोग दूर बैठकर ईश्वर से प्रार्थना कर रहे थे कि प्रताप की विजय हो। देवी–देवता स्मरण किये जो रहे थे। पहिला गेंद आया, प्रताप ने खाली दिया। प्रयागवालों का साहस घट गया। दूसरा आया, वह भी खाली गया। प्रयागवालों का, कलेजा नाभि तक बैठ गया। बहुत से लोग छतरी संभाल घर की ओर चले। तीसरा गेंद आया। एक पड़ाके की ध्वनि हुई ओर गेंद लू (गर्म हवा) की भाँति गगन भेदन करता हुआ हिट पर खड़े होने वाले खिलाड़ी से सौ गज आगे गिरा। लोगों ने तालियाँ बजायीं। सूखे धान में पानी पड़ा। जाने वाले ठिठक गये। निरशे को आशा बँधी। चौथा गेंद आया और पहले गेंद से दस गज आगे गिरा। फील्डर चौंके, हिट पर मदद पहुँचायी! पाँचवाँ गेंद आया और कट पर गया। इतने में ओवर हआ। बालर बदले, नये बालर पूरे बधिक थे। घातक गेंद फेंकते थे। पर उनके पहिले ही गेंद को प्रताप के आकाश मे भेजकर सूर्य से पेश करा दिया। फिर तो गेंद और उसकी थापी में मैत्री–सी हो गयी। गेंद आता और थापी से पार्श्व ग्रहण करके कभी पूर्व का मार्ग लेता, कभी पश्चिम का, कभी उत्तर का और कभी दक्षिण का, दौड़ते–दौड़ते फील्डरों की साँसें फूल गयीं, प्रयागवाले उछलते थे और तालियाँ बजाते थे। टोपियाँ वायु में उछल रही थीं। किसी ने रुपये लुटा दिये और किसी ने अपनी सोने की जंजीर लुटा दी। विपक्षी सब मन में कुढ़ते, झल्लाते, कभी क्षेत्र का

क्रम परिवर्तन करते, कभी बालर परिवर्तन करते। पर चातुरी और क्रीड़ा–कौशल निरर्थक हो रहा था। गेंद की थापी से मित्रता दृढ़ हो गयी थी। पूरे दो घन्टे तक प्रताप पड़ाके, बम गोले और हवाइयाँ छोड़ता रहा और फील्डर गंद की ओर इस प्रकार लपकते जैसे बच्चे चन्द्रमा की ओर लपकते हैं। रनों की संख्या तीन सौ तक पहुँच गई। विपक्षियों के छक्के छूटे। हृदय ऐसा भर्रा गया कि एक गेंद भी सीधा था। यहाँ तक कि प्रताप ने पचास रन और किये और अब उसने अम्पायर से तनिक विश्राम करने के लिए अवकाश माँगा। उसे आता देखकर सहस्रों मनुष्य उसी ओर दौड़े और उसे बारी–बारी से गोद में उठाने लगे। चारों ओर भगदड़ मच गयी। सैकड़ो छाते, छड़ियाँ टोपियाँ और जूते ऊर्ध्वगामी हो गये मानो वे भी उमंग में उछल रहे थे। ठीक उसी समय तारघर का चपरासी बाइसिकल पर आता हुआ दिखायी दिया। निकट आकर बोला–'प्रतापचंद्र किसका नाम है!' प्रताप ने चौंककर उसकी ओर देखा और चपरासी ने तार का लिफाफा उसके हाथ में रख दिया। उसे पढ़ते ही प्रताप का बदन पीला हो गया। दीर्घ श्वास लेकर कुर्सी पर बैठ गया और बोरला–यारो ! अब मैच का निबटारा तुम्हारे हाथ में है। मैंने अपना कर्तव्य–पालन कर दिया, इसी डाक से घर चला जाँऊगा।

यह कहकर वह बोर्डिंग हाउस की ओर चला। सैकड़ों मनुष्य पूछने लगे–क्या है? क्या है? लोगों के मुख पर उदासी छा गयी पर उसे बात करने का कहाँ अवकाश ! उसी समय ताँगे पर चढ़ा और स्टेशन की ओर चला। रास्ते–भर उसके मन में तर्क–वितर्क होते रहे। बार–बार अपने को धिक्कार देता कि क्यों न चलते समय उससे मिल लिया? न जाने अब भेंट हो कि न हो। ईश्वर न करे कहीं उसके दर्शन से वंचित रहूँ; यदि रहा तो मैं भी मुँह मे कालिख पोत कहीं मर रहूँगा। यह सोच कर कई बार रोया। नौ बजे रात को गाड़ी बनारस पहुँची। उस पर से उतरते ही सीधा श्यामाचरण के घर की ओर चला। चिन्ता के मारे आँखें डबडबायी हुई थी और कलेजा धड़क रहा था। डिप्टी साहब सिर झुकाये कुर्सी पर बैठे थे और कमला डाक्टर साहब के यहाँ जाने को उदयत था। प्रतापचन्द्र को देखते ही दौड़कर लिपट गया। श्यामाचरण ने भी गले लगाया और बोले–क्या अभी सीधे इलाहाबाद से चले आ रहे हो?

प्रताप–जी हाँ ! आज माताजी का तार पहुँचा कि विरजन की बहुत बुरी दशा है। क्या अभी वही दशा है?

श्यामाचर–क्या कहूँ इधर दो–तीन मास से दिनों दिन उसका शरीर क्षीण होता जाता है, औषधियों का कुछ भी असर नहीं होता। देखें, ईश्वर की क्या इच्छा है! डाक्टर साहब तो कहते थे, क्षयरोग है। पर वैद्यराज जी हृदय–दौर्बल्य बतलाते हैं। विरजन को जब से सूचना मिली कि प्रतापचन्द्र आये हैं, तब से उसके हृदय में आशा और भय में घुड़दौड़ मची हुई थी। कभी सोचती कि घर आये होंगे, चाची ने बरबस ठेल–ठालकर यहाँ भेज दिया होगा। फिर ध्यान हुआ, हो न हो, मेरी बीमारी का समाचार पा, घबड़ाकर चले आये हों, परन्तु नहीं। उन्हें मेरी ऐसी क्या चिन्ता पड़ी है? सोचा होगा–नहीं मर न जाए, चलूँ साँसारिक व्यवहार पूरा करता आऊं। उन्हें मेरे मरने–जीने का क्या सोच? आज मैं भी महाशय से जी खोलकर बातें करुंगी? पर नहीं बातों की आवश्यकता ही क्या है? उन्होंने चुप साधी है, तो मैं क्या बोलूँ? बस इतना कह दूँगी कि बहुत अच्छी हूँ और आपके कुशल की कामना रखती हूँ! फिर मुख न खोलूँगी! और मैं यह मैली–कुचैली साड़ी क्यों पहिने हूँ? जो अपना सहवेदी न हो उसके आगे यह वेश बनाये रखने से लाभ? वह अतिथि की भाँति आये हैं। मैं भी पाहनी की भाँति उनसे मिलूँगी। मनुष्य का चित्त कैसा चचंल है? जिस मनुष्य की अकृपा ने विरजन की यह गति बना दी थी, उसी को जलाने के लिए ऐसे–ऐसे उपाय सोच रही है।

दस बजे का समय था। माधवी बैठी पंखा झल रही थी। औषधियों की शीशियाँ इधर–उधर पड़ी हुई थी और विरजन चारपाई पर पड़ी हुई ये ही सब बातें सोच रही थी कि प्रताप घर में आया। माधवी चौंककर बोली–बहिन, उठो आ गये। विरजन झपटकर उठी और चारपाई से उतरना चाहती थी कि निर्बलता के कारण पृथ्वी पर गिर पड़ी। प्रताप ने उसे सँभाला और चारपाई पर लेटा दिया। हा! यह वही विरजन है जो आज से कई मास पूर्व रुप एवं लावासण्य की मूर्ति थी, जिसके मुखड़े पर चमक और आँखों में हँसी का वास था, जिसका भाषण श्यामा का गाना और हँसना मन का लुभाना था। वह रसीली आँखोंवाली, मीठी बातों वाली विरजन आज केवल अस्थिचर्मावशेष है।

पहचानी नहीं जाती। प्रताप की आँखों में आँसू भर आये। कुशल पूछना चाहता था, पर मुख से केवल इतना निकला विरजन! और नेत्रों से जल–बिन्दु बरसने लगे। प्रेम की आँखे मनभावों के परखने की कसौटी है। विरजन ने आँख उठाकर देखा और उन अश्रु–बिन्दुओं ने उसके मन का सारा मैल धो दिया।

जैसे कोई सेनापति आनेवाले युद्ध का चित्र मन में सोचता है और शत्रु को अपनी पीठ पर देखकर बदहवास हो जाता है और उसे निर्धारित चित्र का कुछ ध्यान भी नहीं रहता, उसी प्रकार विरजन प्रतापचन्द्र को अपने सम्मुख देखकर सब बातें भूल गयी, जो अभी पड़ी–पड़ी सोच रही थी! वह प्रताप को रोते देखकर अपना सब दुःख भूल गयी और चारपाई से उठ कर आँचल से आँसू पोंछनेलगी। प्रताप, जिसे अपराधी कह सकते हैं, इस समय दीन बना हुआ था और विरजन–जिसने अपने को सुखाकर इस दशा तक पहुँचाया था–रो–रोकर उसे कह रही थी लल्लू चुप रहो, ईश्वर जानता है, मैं भली–भाँति अच्छी हूँ। मानो अच्छा न होना उसका अपराध था। स्त्रीयों की संवेदनशीलता कैसी कोमल होती है! प्रतापचन्द्र के एक साधारण संकोच ने विरजन को इस जीवन से उपेक्षित बना दिया था। आज आँसू की कुछ बूंदों ने उसके हृदय के उस सन्ताप, उस जलन और उस अग्नि को शान्त कर दिया, जो कई महीनों से उसके रुधिर और हृदय को जला रही थी। जिस रोग को बड़े–बड़े वैद्य और डाक्टर अपनी औषधि तथा उपाय से अच्छा न कर सके थे, उसे अश्रु–बिन्दुओं ने क्षण–भर में चंगा कर दिया। क्या वह पानी के बिन्दु अमृत के बिन्दु थे?

प्रताप ने धीरज धरकर पूछा–विरजन! तुमने अपनी क्या गति बना रखी है?

विरजन (हँसकर)–यह गति मैंने नहीं बनायी, तुमने बनायी है।

प्रताप–माताजी का तार न पहुँचा तो मुझे सूचना भी न होती।

विरजन–आवश्यकता ही क्या थी? जिसे भुलाने के लिए तो तुम प्रयाग चले गए, उसके मरने–जीने की तुम्हें क्या चिन्ता?

प्रताप–बातें बना रही हो। पराये को क्यों पत्र लिखतीं?

विरजन–किसे आशा थी कि तुम इतनी दूर से आने का या पत्र लिखने का कष्ट उठाओगे? जो द्वार से आकर फिर जाए और मुख देखने से घृणा करे उसे पत्र भेजकर क्या करती?

प्रताप–उस समय लौट जाने का जितना दु:ख मुझे हुआ, मेरा चित्त ही जानता है। तुमने उस समय तक मेरे पास कोई पत्र न भेजा था। मैंने समझा अब सुध भूल गयी।

विरजन–यदि मैं तुम्हारी बातों को सच न समझती होती तो कह देती कि ये सब सोची हुई बातें हैं।

प्रताप–भला जो समझो, अब यह बताओ कि कैसा जी है? मैंने तुम्हें पहिचाना नहीं, ऐसा मुख फीका पड़ गया है।

विरजन–अब अच्छी हो जाँऊगी, औषधि मिल गयी।

प्रताप संकेत समझ गया। हा, शोक! मेरी तनिक–सी चूक ने यह प्रलय कर दिया। देर तक उसे समझता रहा और प्रात:काल जब वह अपने घर तो चला तो विरजन का बदन विकसित था। उसे विश्वास हो गया कि लल्लू मुझे भूले नहीं है और मेरी सुध और प्रतिष्ठा उनके हृदय में विद्यामन है। प्रताप ने उसके मन से वह काँटा निकाल दिया, जो कई मास से खटक रहा था और जिसने उसकी यह गति कर रखी थी। एक ही सप्ताह में उसका मुखड़ा स्वर्ण हो गया, मानो कभी बीमार ही न थी।

16.

स्नेह पर कर्तव्य की विजय

रोगी जब तक बीमार रहता है उसे सुध नहीं रहती कि कौन मेरी औषधि करता है, कौन मुझे देखने के लिए आता है। वह अपने ही कष्ट में इतना ग्रस्त रहता है कि किसी दूसरे की बात का ध्यान ही उसके हृदय में उत्पन्न नहीं होता; पर जब वह आरोग्य हो जाता है, तब उसे अपनी शुश्रुषा करनेवालों का ध्यान और उनके उद्योग तथा परिश्रम का अनुमान होने लगता है और उसके हृदय में उनका प्रेम तथा आदर बढ़ जाता है। ठीक यही दशा वृजरानी की थी। जब तक वह स्वयं अपने कष्ट में मग्न थी, कमलाचरण की व्याकुलता और कष्टों का अनुभव न कर सकती थी। निस्सन्देह वह उसकी खातिरदारी में कोई अंश शेष न रखती थी, परन्तु यह व्यवहार–पालन के विचार से होती थी, न कि सच्चे प्रेम से। परन्तु जब उसके हृदय से वह व्यथा मिट गयी तो उसे कमला का परिश्रम और उद्योग स्मरण हुआ, और यह चिंता हुई कि इस अपार उपकार का प्रति उत्तर क्या दूँ? मेरा धर्म था सेवा–सत्कार से उन्हें सुख देती, पर सुख देना कैसा उलटे उनके प्राण ही की गाहक हुई हूँ! वे तो ऐसे सच्चे दिल से मेरा प्रेम करें और मैं अपना कर्तव्य ही न पालन कर सकूँ ! ईश्वर को क्या मुँह दिखाँऊगी? सच्चे प्रेम का कमल बहुधा कृपा के भाव से खिल जाया करता है।

जहाँ रुप यौवन, सम्पत्ति और प्रभुता तथा स्वाभाविक सौजन्य प्रेम के बीच बोने में अकृतकार्य रहते हैं, वहाँ, प्राय: उपकार का जादू चल जाता है।

कोई हृदय ऐसा वज्र और कठोर नहीं हो सकता, जो सत्य सेवा से द्रवीभूत न हो जाय।

कमला और वृजरानी में दिनोंदिन प्रीति बढ़ने लगी। एक प्रेम का दास था, दूसरी कर्तव्य की दासी। सम्भव न था कि वृजरानी के मुख से कोई बात निकले और कमलाचरण उसको पूरा न करे। अब उसकी तत्परता और योग्यता उन्हीं प्रयत्नों में व्यय होती थी। पढ़ना केवल माता–पिता को धोखा देना था। वह सदा रुख देखा करता और इस आशा पर कि यह काम उसकी प्रसन्ता का कारण होगा, सब कुछ करने पर कटिबद्ध रहता। एक दिन उसने माधवी को फुलवाड़ी से फूल चुनते देखा। यह छोटा–सा उद्यान घर के पीछे था। पर कुटुम्ब के किसी व्यक्ति को उसे प्रेम न था, अतएव बारहों मास उस पर उदासी छायी रहती थी। वृजरानी को फूलों से हार्दिक प्रेम था। फुलवाड़ी की यह दुर्गति देखी तो माधवी से कहा कि कभी–कभी इसमें पानी दे दिया कर। धीरे–धीरे वाटिका की दशा कुछ सुधर चली और पौधों में फूल लगने लगे। कमलाचरण के लिए इशारा बहुत था। तन मन से वाटिका को सुसज्जित करने पर उतारु हो गया। दो चतुर माली नौकर रख लिये। विविध प्रकार के सुन्दर–सुन्दर पुष्प और पौधे लगाये जाने लगे।

भाँति–भाँति की घासें और पत्तियाँ गमलों में सजायी जाने लगी, क्यारियाँ और रविशे ठीक की जाने लगीं। ठौर–ठौर पर लताएँ चढ़ायी गयीं। कमलाचरण सारे दिन हाथ में पुस्तक लिये फुलवाड़ी में टहलता रहता था और मालियों को वाटिका की सजावट और बनावट की ताकीद किया करता था, केवल इसीलिए कि विरजन प्रसन्न होगी। ऐसे स्नेह–भक्त का जादू किस पर न चल जायगा। एक दिन कमला ने कहा–आओ, तुम्हें वाटिका की सैर कराँऊ। वृजरानी उसके साथ चली।

चाँद निकल आया था। उसके उज्ज्वल प्रकाश में पुष्प और पत्ते परम शोभायमान थे। मन्द–मन्द वायु चल रहा थी। मोतियों और बेले की सुगन्धि मस्तिष्क को सुरभित कर रही थीं। ऐसे समय में विरजन एक रेशमी साड़ी और एक सुन्दर स्लीपर पहिने रविशों में टहलती दीख पड़ी। उसके बदन का विकास फूलों को लज्जित करता था, जान पड़ता था कि फूलों की देवी है। कमलाचरण बोला–आज परिश्रम सफल हो गया।

जैसे कुमकुमे में गुलाब भरा होता है, उसी प्रकार वृजरानी के नयनों में प्रेम रस भरा हुआ था। वह मुसकायी, परन्तु कुछ न बोली।

कमला–मुझ जैसा भाग्यवान मुनष्य संसार में न होगा।

विरजन–क्या मुझसे भी अधिक?

कमला मतवाला हो रहा था। विरजन को प्यार से गले लगा दिया।

कुछ दिनों तक प्रतिदिन का यही नियम रहा इसी बीच में मनोरंजन की नयी सामग्री उपस्थित हो गयी। राधाचरण ने चित्रों का एक सुन्दर अलबम विरजन के पास भेजा। इसमें कई चित्र चंद्रा के भी थे। कहीं वह बैठी श्यामा को पढ़ा रही है कहीं बैठी पत्र लिख रही है। उसका एक चित्र पुरुष वेष में था। राधाचरण फोटोग्राफी की कला में कुशल थे। विरजन को यह अलबम बहुत भाया। फिर क्या था? कमला को धुन लगी कि मैं भी चित्र खीचूँ। भाई के पास पत्र लिख भेजा कि कैमरा और अन्य आवश्यक सामान मेरे पास भेज दीजिये और अभ्यास आरंभ कर दिया। घर से चलते कि स्कूल जा रहा हूँ पर बीच ही में एक पारसी फोटोग्राफर की दुकान पर आ बैठते। तीन–चार मास के परिश्रम और उद्योग से इस कला में प्रवीण हो गये। पर अभी घर में किसी को यह बात मालूम न थी। कई बार विरजन ने पूछा भी; आजकल दिनभर कहाँ रहते हो। छुट्टी के दिन भी नहीं दिख पड़ते। पर कमलाचरण ने हूँ–हाँ करके टाल दिया।

एक दिन कमलाचरण कहीं बाहर गये हुए थे। विरजन के जी में आया कि लाओ प्रतापचन्द्र को एक पत्र लिख डालूँ; पर बक्सखोला तो चिट्ठी का कागज न था माधवी से कहा कि जाकर अपने भैया के डेस्क में से कागज निकाल ला। माधवी दौड़ी हुई गयी तो उसे डेस्क पर चित्रों का अलबम खुला हुआ मिला। उसने अलबम उठा लिया और भीतर लाकर विरजन से कहा–बहिन! देखो, यह चित्र मिला।

विरजन ने उसे चाव से हाथ में ले लिया और पहिला ही पन्ना उलटा था कि अचम्भा–सा हो गया। वह उसी का चित्र था। वह अपने पलंग पर चाउर ओढ़े निद्रा में पड़ी हुई थी, बाल ललाट पर बिखरे हुए थे, अधरों पर

एक मोहनी मुस्कान की झलक थी मानों कोई मन–भावना स्वप्न देख रही है। चित्र के नीचे लिखा हुआ था–'प्रेम–स्वप्न'। विरजन चकित थी, मेरा चित्र उन्होंने कैसे खिंचवाया और किससे खिंचवाया। क्या किसी फोटोग्राफर को भीतर लाये होंगे? नहीं ऐसा वे क्यों करेंगे। क्या आश्चर्य है, स्वयं ही खींच लिया हो। इधर महीनों से बहुत परिश्रम भी तो करते हैं। यदि स्वयं ऐसा चित्र खींचा है तो वस्तुतः प्रशंसनीय कार्य किया है। दूसरा पन्ना उलटा तो उसमें भी अपना चित्र पाया। वह एक साड़ी पहने, आधे सिर पर आँचल डाले वाटिका में भ्रमण कर रही थी। इस चित्र के नीचे लिख हुआ था–'वाटिका–भ्रमण'। तीसरा पन्ना उलटा तो वह भी अपना ही चित्र था। वह वाटिका में पृथ्वी पर बैठी हार गूंथ रही थी। यह चित्र तीनों में सबसे सुन्दर था, क्योंकि चित्रकार ने इसमें बड़ी कुशलता से प्राकृतिक रंग भरे थे। इस चित्र के नीचे लिखा हुआ था–'अलबेली मालिन'। अब विरजन को ध्यान आया कि एक दिन जब मैं हार गूंथ रही थी तो कमलाचरण नील के काँटे की झाड़ी से मुस्कराते हुए निकले थे। अवश्य उसी दिन का यह चित्र होगा। चौथा पन्ना उलटा तो एक परम मनोहर और सुहावना दृश्य दिखायी दिया। निर्मल जल से लहराता हुआ एक सरोवर था और उसके दोनों तीरों पर जहाँ तक दृष्टि पहुँचती थी, गुलाबों की छटा दिखायी देती थी। उनके कोमल पुष्प वायु के झोंको से लचके जाते थे। ऐसा ज्ञात होता था, मानों प्रकृति ने हरे आकाश में लाल तारे टाँक दिये हैं। किसी अंग्रेजी चित्र का अनुकरण प्रतीत होता था। अलबम के और पन्ने अभी कोरे थे।

विरजन ने अपने चित्रों को फिर देखा और साभिमान आनन्द से, जो प्रत्येक रमणी को अपनी सुन्दरता पर होता है, अलबम को छिपा कर रख दिया। संध्या को कमलाचरण ने आकर देखा, तो अलबम का पता नहीं। हाथों से तोते उड़ गये। चित्र उसके कई मास के कठिन परिश्रम के फल थे और उसे आशा थी कि यही अलबम उपहार देकर विरजन के हृदय में और भी घर कर लूँगा। बहुत व्याकुल हुआ। भीतर जाकर विरजन से पूछा तो उसने साफ इन्कार किया। बेचारा घबराया हुआ अपने मित्रों के घर गया कि कोई उनमें से उठा ले गया हो। पह वहाँ भी फबतियों के अतिरिक्त और कुछ हाथ न लगा।

निदान जब महाशय पूरे निराश हो गये तो शाम को विरजन ने अलबम का पता बतलाया। इसी प्रकार दिवस सानन्द व्यतीत हो रहे थे। दोनों यही चाहते थे कि प्रेम–क्षेत्र मे मैं आगे निकल जाँऊ! पर दोनों के प्रेम में अन्तर था। कमलाचरण प्रेमोन्माद में अपने को भूल गया। पर इसके विरुद्व विरजन का प्रेम कर्तव्य की नींव पर स्थित था। हाँ, यह आनन्दमय कर्तव्य था।

तीन वर्ष व्यतीत हो गये। वह उनके जीवन के तीन शुभ वर्ष थे। चौथे वर्ष का आरम्भ आपत्तियों का आरम्भ था। कितने ही प्राणियों को संसार की सुख सामग्रियाँ इस परिमाण से मिलती हैं कि उनके लिए दिन सदा होली और रात्रि सदा दिवाली रहती है। पर कितने ही ऐसे हतभाग्य जीव हैं, जिनके आनन्द के दिन एक बार बिजली की भाँति चमककर सदा के लिए लुप्त हो जाते है।

वृजरानी उन्हीं अभागों में थी। वसन्त की ऋतु थी। सीरी–सीरी वायु चल रही थी। सरदी ऐसे कड़ाके की पड़ती थी कि कुओं का पानी जम जाता था। उस समय नगरों में प्लेग का प्रकोप हुआ। सहस्रों मनुष्य उसकी भेंट होने लगे। एक दिन बहुत कड़ा ज्वर आया, एक गिल्टी निकली और चल बसा। गिल्टी का निकलना मानो मृत्यु का संदेश था। क्या वैद्य, क्या डाक्टर किसी की कुछ न चलती थी। सैकड़ो घरों के दीपक बुझ गये। सहस्रों बालक अनाथ और सहस्रों विधवा हो गयी। जिसको जिधर गली मिली भाग निकला। प्रत्येक मनुष्य को अपनी–अपनी पड़ी हुई थी। कोई किसी का सहायक और हितैषी न था। माता–पिता बच्चों को छोड़कर भागे। स्त्रीयों ने पुरूषों से सम्बन्ध गरित्याग किया। गलियों में, सड़कों पर, घरों में जिधर देखिये मृतकों के ढेर लगे हुए थे। दुकानें बन्द हो गयीं।

द्वारों पर ताले बन्द हो गये। चतुर्दिक धूल उड़ती थी। कठिनता से कोई जीवधारी चलता–फिरता दिखायी देता था और यदि कोई कार्यवश घर से निकला पड़ता तो ऐसे शीघ्रता से पाँव उठाता मानों मृत्यु का दूत उसका पीछा करता आ रहा है। सारी बस्ती उजड़ गयी। यदि आबाद थे तो कब्रिस्तान या श्मशान। चोरों और डाकुओं की बन आयी। दिन–दोपहर ताले टूटते थे और सूर्य के प्रकाश में सेंधें पड़ती थीं। उस दारुण दु:ख का वर्णन नहीं हो सकता।

बाबू श्यामचरण परम दृढ़चित्त मनुष्य थे। गृह के चारों ओर मुहल्ले–के मुहल्ले शून्य हो गये थे पर वे अभी तक अपने घर में निर्भय जमे हुए थे लेकिन जब उनका साहस मर गया तो सारे घर में खलबली मच गयी। गाँव में जाने की तैयारियाँ होने लगी। मुंशीजी ने उस जिले के कुछ गाँव मोल ले लिये थे और मझगाँव नामी ग्राम में एक अच्छा–सा घर भी बनवा रखा था। उनकी इच्छा थी कि पेंशन पाने पर यहीं रहूँगा काशी छोड़कर आगरे में कौन मरने जाय! विरजन ने यह सुना तो बहुत प्रसन्न हुई। ग्राम्य–जीवन के मनोहर दृश्य उसके नेत्रों में फिर रहे थे हरे–भरे वृक्ष और लहलहाते हुए खेत हरिणों की क्रीडा और पक्षियों का कलरव। यह छटा देखने के लिए उसका चित्त लालायित हो रहा था। कमलाचरण शिकार खेलने के लिए अस्त्र–शस्त्र ठीक करने लगे। पर अचानक मुन्शीजी ने उसे बुलाकर कहा कि तुम प्रयाग जाने के लिए तैयार हो जाओ। प्रताप चन्द्र वहाँ तुम्हारी सहायता करेगा। गाँवों में व्यर्थ समय बिताने से क्या लाभ? इतना सुनना था कि कमलाचरण की नानी मर गयी। प्रयाग जाने से इन्कार कर दिया। बहुत देर तक मुंशीजी उसे समझाते रहे पर वह जाने के लिए राजी न हुआ। निदान उनके इन अंतिम शब्दों ने यह निपटारा कर दिया–तुम्हारे भाग्य में विद्या लिखी ही नहीं है। मेरा मूर्खता है कि उससे लड़ता हूँ!

वृजरानी ने जब यह बात सुनी तो उसे बहुत दुःख हुआ। वृजरानी यद्यपि समझती थी कि कमला का ध्यान पढ़ने में नहीं लगता; पर जब–तब यह अरुचि उसे बुरी न लगती थी, बल्कि कभी–कभी उसका जी चाहता कि आज कमला का स्कूल न जाना अच्छा था। उनकी प्रेममय वाणी उसके कानों को बहुत प्यारी मालूम होती थी। जब उसे यह ज्ञात हुआ कि कमला ने प्रयाग जाना अस्वीकार किया है और लालाजी बहुत समझा रहे हैं, तो उसे और भी दुःख हुआ क्योंकि उसे कुछ दिनों अकेले रहना सहन था, कमला पिता की आज्ञल्लघंन करे, यह सहन न था। माधवी को भेजा कि अपने भैया को बुला ला। पर कमला ने जगह से हिलने की शपथ खा ली थी। सोचता कि भीतर जाँऊगा, तो वह अवश्य प्रयाग जाने के लिए कहेगी। वह क्या जाने कि यहाँ हृदय पर क्या बीत रही है। बातें तो ऐसी मीठी–मीठी करती है, पर जब कभी

प्रेम–परीक्षा का समय आ जाता है तो कर्तव्य और नीति की ओट में मुख छिपाने लगती है। सत्य है कि स्त्रीयों में प्रेम की गंध ही नहीं होती।

जब बहुत देर हो गयी और कमला कमरे से न निकला तब वृजरानी स्वयं आयी और बोली–क्या आज घर में आने की शपथ खा ली है। राह देखते–देखते आँखें पथरा गयीं।

कमला–भीतर जाते भय लगता है।

विरजन–अच्छा चलो मैं संग–संग चलती हूँ, अब तो नहीं डरोगे?

कमला–मुझे प्रयाग जाने की आज्ञा मिली है।

विरजन–मैं भी तुम्हारे संग चलूँगी!

यह कहकर विरजन ने कमलाचरण की ओर आँखे उठायीं उनमें अंगूर के दाने लगे हुए थे। कमला हार गया। इन मोहनी आँखों में आँसू देखकर किसका हृदय था, कि अपने हठ पर दृढ़ रहता? कमला ने उसे अपने कंठ से लगा लिया और कहा–मैं जानता था कि तुम जीत जाओगी। इसीलिए भीतर न जाता था। रात–भर प्रेम–वियोग की बातें होती रहीं! बार–बार आँखे परस्पर मिलतीं मानो वे फिर कभी न मिलेगी! शोक किसे मालूम था कि यह अंतिम भेंट है। विरजन को फिर कमला से मिलना नसीब न हुआ।

17.

कमला के नाम विरजन के पत्र

मझगाँव

'प्रियतम,

प्रेम पत्र आया। सिर पर चढ़ाकर नेत्रों से लगाया। ऐसे पत्र तुम न लिखा करो ! हृदय विदीर्ण हो जाता है। मैं लिखू तो असंगत नहीं। यहाँ चित्त अति व्याकुल हो रहा है। क्या सुनती थी और क्या देखती हूँ? टूटे-फूटे फूस के झोंपड़े, मिट्टी की दीवारें, घरों के सामने कूड़े-करकट के बड़े-बड़े ढेर, कीचड़ में लिपटी हुई भैंसे, दुर्बल गायें, ये सब दृश्य देखकर जी चाहता है कि कहीं चली जाऊँ। मनुष्यों को देखो, तो उनकी सोचनीय दशा है। हड्डियाँ निकली हुई हैं। वे विपत्ति की मूर्तियाँ और दरिद्रता के जीवित्र चित्र हैं। किसी के शरीर पर एक बेफटा वस्त्र नहीं है और कैसे भाग्यहीन कि रात-दिन पसीना बहाने पर भी कभी भरपेट रोटियाँ नहीं मिलती। हमारे घर के पिछवाड़े एक गड्ढा है। माधवी खेलती थी। पाँव फिसला तो पानी में गिर पड़ी। यहाँ किम्वदन्ती है कि गड्ढे में चुड़ैल नहाने आया करती है और वे अकारण यहां चलने वालों से छेड़-छाड़ किया करती है। इसी प्रकार द्वार पर एक पीपल का पेड़ है। वह भूतों का आवास है। गड्ढे का तो भय नहीं है, परन्तु इस पीपल का वास सारे-सारे गाँव के हृदय पर ऐसा छाया हुआ है। कि सूर्यास्त ही से मार्ग बन्द हो जाता है। बालक और स्त्रीयाँ तो उधर पैर ही नहीं रखते! हाँ, अकेले-दुकेले पुरुष कभी-कभी चले जाते हैं, पर ये भी घबराये हुए। ये दो

स्थान मानो उस निकृष्ट जीवों के केन्द्र हैं। इनके अतिरिक्त सैकड़ों भूत–चुडैल भिन्न–भिन्न स्थानों के निवासी पाये जाते हैं। इन लोगों को चुडैलें दीख पड़ती हैं। लोगों ने इनके स्वभाव पहचान किये है। किसी भूत के विषय में कहा जाता है कि वह सिर पर चढ़ता है तो महीनों नहीं उतरता और कोई दो–एक पूजा लेकर अलग हो जाता है। गाँव वालों में इन विषयों पर इस प्रकार वार्तालाप होता है, मानों ये प्रत्यक्ष घटना है। यहाँ तक सुना गया हैं कि चुड़ैल भोजन–पानी माँगने भी आया करती हैं। उनकी साड़ियाँ प्राय: बगुले के पंख की भाँति उज्ज्वल होती हैं और वे बातें कुछ–कुछ नाक से करती है। हाँ, गहनों का प्रचार उनकी जाति में कम है। उन्ही स्त्रीयों पर उनके आक्रमण का भय रहता है, जो बनाव श्रृंगार किये रंगीन वस्त्र पहिने, अकेली उनकी दृष्टि में पड़ जायें।

फूलों की बास उनको बहुत भाती है। सम्भव नहीं कि कोई स्त्री या बालक रात को अपने पास फूल रखकर सोये।

भूतों के मान और प्रतिष्ठा का अनुमान बड़ी चतुराई से किया गया है। जोगी बाबा आधी रात को काली कमरिया ओढ़े, खडाँऊ पर सवार, गाँव के चारों ओर भ्रमण करते हैं और भूले–भटके पथिकों को मार्ग बताते हैं। साल–भर में एक बार उनकी पूजा होती है। वह अब भूतों में नहीं वरन् देवताओं में गिने जाते है। वह किसी भी आपत्ति को यथाशक्ति गाँव के भीतर पग नहीं रखने देते। इनके विरुद्व धोबी बाबा से गाँव–भर थर्राता है। जिस वृक्ष पर उसका वास है, उधर से यदि कोई दीपक जलने के पश्चात् निकल जाए, तो उसके प्राणों की कुशलता नहीं। उन्हें भगाने के लिए दो बोतल मदिरा काफी है। उनका पुजारी मंगल के दिन उस वृक्षतले गाँजा और चरस रख आता है। लाला साहब भी भूत बन बैठे हैं। यह महाशय पटवारी थे। उन्हें कई पंडित असमियों ने मार डाला था। उनकी पकड़ ऐसी गहरी है कि प्राण लिये बिना नहीं छोड़ती। कोई पटवारी यहाँ एक वर्ष से अधिक नहीं जीता। गाँव से थोड़ी दूर पर एक पेड़ है। उस पर मौलवी साहब निवास करते हैं। वह बेचारे किसी को नहीं छेड़ते। हाँ, वृहस्पति के दिन पूजा न पहुँचायी जाए, तो बच्चों को छेड़ते हैं।

कैसी मूर्खता है! कैसी मिथ्या भक्ति है! ये भावनाएँ हृदय पर वज्रलीक हो गयी हैं। बालक बीमार हुआ कि भूत की पूजा होने लगी। खेत–खलिहान में भूत का भोग, जहाँ देखिये, भूत–ही–भूत दीखते हैं। यहाँ न देवी है, न देवता। भूतों का ही साम्राज्य हैं। यमराज यहाँ चरण नहीं रखते, भूत ही जीव–हरण करते हैं। इन भावों का किस प्रकार सुधार हो?

तुम्हारी

विरजन

(2)

मझगाँव

प्यारे,

बहुत दिनों के पश्चात् आपकी परम–पत्री प्राप्त हुई। क्या सचमुच पत्र लिखने का अवकाश नहीं? पत्र क्या लिखा है, मानो बेगार टाली है। तुम्हारी तो यह आदत न थी। क्या वहाँ जाकर कुछ और हो गये? तुम्हें यहाँ से गये दो मास से अधिक होते हैं। इस बीच में कई छोटी–बड़ी छुट्टियाँ पड़ी, पर तुम न आये। तुमसे कर बाँधकर कहती हूँ–होली की छुट्टी में अवश्य आना। यदि अब की बार तरसाया तो मुझे सदा उलाहना रहेगा।

यहाँ आकर ऐसी प्रतीत होता है, मानो किसी दूसरे संसार में आ गयी हूँ। रात को शयन कर रही थी कि अचानक हा–हा, हू–हू का कोलाहल सुनायी दिया। चौंककर उठ बैठी! पूछा तो ज्ञात हुआ कि लड़के घर–घर से उपले और लकड़ी जमा कर रहे थे। होली माता का यही आहार था। यह बेढंगा उपद्रव जहाँ पहुँच गया, ईंधन का दिवाला हो गया। किसी की शक्ति नही जो इस सेना को रोक सके। एक नम्बरदार की मड़िया लोप हो गयी। उसमें दस–बारह बैल सुगमतापूर्वक बाँधे जा सकते थे। होली वाले कई दिन घात में थे। अवसर पाकर उड़ा ले गये। एक कुरमी का झोंपड़ा उड़ गया। कितने उपले बेपता हो गये। लोग अपनी लकड़ियाँ घरों में भर लेते हैं। लालाजी ने एक पेड़ ईंधन के लिए मोल लिया था। आज रात को वह भी होली माता के पेट में चला गया। दो–तीन घरों के किवाड़ उतर गये। पटवारी साहब द्वार पर सो रहे थे। उन्हें

भूमि पर ढकेलकर लोग चारपाई ले भागे। चतुर्दिक ईंधन की लूट मची है। जो वस्तु एक बार होली माता के मुख में चली गयी, उसे लाना बड़ा भारी पाप है। पटवारी साहब ने बड़ी धमकियां दीं। मैं जमाबन्दी बिगाड़ दूंगा, खसरा झूठाकर दूंगा, पर कुछ प्रभाव न हुआ! यहाँ की प्रथा ही है कि इन दिनों वाले जो वस्तु पा जायें, निर्विघ्न उठा ले जायें। कौन किसकी पुकार करे? नवयुवक पुत्र अपने पिता की आँख बचाकर अपनी ही वस्तु उठवा देता है। यदि वह ऐसा न करे, तो अपने समाज में अपमानित समझा जाए।

खेत पक गये हैं।, पर काटने में दो सप्ताह का विलम्ब है। मेरे द्वार पर से मीलों का दृश्य दिखाई देता है। गेहूँ और जौ के सुथरे खेतों के किनारे–किनारे कुसुम के अरुण और केसर–वर्ण पुष्पों की पंक्ति परम सुहावनी लगती है। तोते चतुर्दिक मँडलाया करते हैं।

माधवी ने यहाँ कई सखियाँ बना रखी हैं। पड़ोस में एक अहीर रहता है। राधा नाम है। गत वर्ष माता–पिता प्लेग के ग्रास हो गये थे। गृहस्थी का कुल भार उसी के सिर पर है। उसकी स्त्री तुलसा प्रायः हमारे यहाँ आती हैं। नख से शिख तक सुन्दरता भरी हुई है। इतनी भोली है कि जी चाहता है कि घण्टों बातें सुना करूँ। माधवी ने इससे बहिनापा कर रखा है। कल उसकी गुड़ियों का विवाह हैं। तुलसी की गुड़िया है और माधवी का गुड्डा। सुनती हूँ, बेचारी बहुत निर्धन है। पर मैंने उसके मुख पर कभी उदासीनता नहीं देखी। कहती थी कि उपले बेचकर दो रुपये जमा कर लिये हैं। एक रुपया दायज दूँगी और एक रुपये में बरातियों का खाना–पीना होगा। गुड़ियों के वस्त्राभूषण का भार राधा के सिर है! कैसा सरल संतोषमय जीवन है!

लो, अब विदा होती हूँ। तुम्हारा समय निरर्थक बातों में नष्ट हुआ। क्षमा करना। तुम्हें पत्र लिखने बैठती हूँ, तो लेखनी रुकती ही नहीं। अभी बहुतेरी बातें लिखने को पड़ी हैं। प्रतापचन्द्र से मेरी पालागन कह देना।

तुम्हारी

विरजन

(3)

मझगाँव

प्यारे,

तुम्हारी, प्रेम पत्रिका मिली। छाती से लगायी। वाह! चोरी और मुँहज़ोरी। अपने न आने का दोष मेरे सिर धरते हो? मेरे मन से कोई पूछे कि तुम्हारे दर्शन की उसे कितनी अभिलाषा प्रतिदिन व्याकुलता के रुप में परिणत होती है। कभी–कभी बेसुध हो जाती हूँ। मेरी यह दशा थोड़े ही दिनों से होने लगी है। जिस समय यहाँ से गये हो, मुझे ज्ञान न था कि वहाँ जाकर मेरी दलेल करोगे। खैर, तुम्ही सच और मैं ही झूठ। मुझे बड़ी प्रसन्नता हुई कि तुमने मेरे दोनों पत्र पसन्द किये। पर प्रतापचन्द्र को व्यर्थ दिखाये। वे पत्र बड़ी असावधानी से लिखे गये है। सम्भव है कि अशुद्धियाँ रह गयी हों। मुझे विश्वास नहीं आता कि प्रताप ने उन्हें मूल्यवान समझा हो। यदि वे मेरे पत्रों का इतना आदर करते हैं कि उनके सहारे से हमारे ग्राम्य–जीवन पर कोई रोचक निबन्ध लिख सकें, तो मैं अपने को परम भाग्यवान समझती हूँ।

कल यहाँ देवीजी की पूजा थी। हल, चक्की, पुर चूल्हे सब बन्द थे। देवीजी की ऐसी ही आज्ञा है। उनकी आज्ञा का उल्लघंन कौन करे? हुक्का–पानी बन्द हो जाए। साल–भर में यही एक दिन है, जिसे गाँव वाले भी छुट्टी का समझते हैं। अन्यथा होली–दिवाली भी प्रति दिन के आवश्यक कामों को नहीं रोक सकती। बकरा चढा। हवन हुआ। सत्तू खिलाया गया। अब गाँव के बच्चे–बच्चे को पूर्ण विश्वास है कि प्लेग का आगमन यहाँ न हो सकेगा। ये सब कौतुक देखकर सोयी थी। लगभग बारह बजे होंगे कि सैंकड़ों मनुष्य हाथ में मशालें लिये कोलाहल मचाते निकले और सारे गाँव का फेरा किया। इसका यह अर्थ था कि इस सीमा के भीतर बीमारी पैर न रख सकेगी। फेरे के सप्ताह होने पर कई मनुष्य अन्य ग्राम की सीमा में घुस गये और थोड़े फूल,पान, चावल, लौंग आदि पदार्थ पृथ्वी पर रख आये। अर्थात् अपने ग्राम की बला दूसरे गाँव के सिर डाल आये। जब ये लोग अपना कार्य समाप्त करके वहाँ से चलने लगे तो उस गाँववालों को सुनगुन मिल गयी। सैकड़ों मनुष्य लाठियाँ लेकर चढ़ दौड़े। दोनों पक्षवालों में खूब मारपीट हुई। इस समय गाँव के कई मनुष्य हल्दी पी रहे हैं।

आज प्रात:काल बची–बचायी रस्में पूरी हुईं, जिनको यहाँ कढ़ाई देना कहते हैं। मेरे द्वार पर एक भट्टा खोदा गया और उस पर एक कड़ाह दूध से भरा हुआ रखा गया। काशी नाम का एक भर है। वह शरीर में भभूत रमाये आया। गाँव के आदमी टाट पर बैठे। शंख बजने लगा। कड़ाह के चतुर्दिक माला–फूल बिखेर दिये गये। जब कहाड़ में खूब उबाल आया तो काशी झट उठा और जय कालीजी की कहकर कड़ाह में कूद पड़ा। मैं तो समझी अब यह जीवित न निकलेगा। पर पाँच मिनट पश्चात् काशी ने फिर छलाँग मारी और कड़ाह के बाहर था। उसका बाल भी बाँका न हुआ। लोगों ने उसे माला पहनायी। वे कर बाँधकर पूछने लगे महाराज! अब के वर्ष खेती की उपज कैसी होगी? बीमारी आवेगी या नहीं? गाँव के लोग कुशल से रहेंगे? गुड़ का भाव कैसा रहेगा? आदि। काशी ने इन सब प्रश्नों के उत्तर स्पष्ट पर किंचित् रहस्यपूर्ण शब्दों में दिये। इसके पश्चात् सभा विसर्जित हुई। सुनती हूँ ऐसी क्रिया प्रतिवर्ष होती है। काशी की भविष्यवाणियाँ सब सत्य सिद्ध होती हैं। और कभी एकाध असत्य भी निकल जाय तो काशी उनका समाधान भी बड़ी योग्यता से कर देता है। काशी बड़ी पहुँच का आदमी है।

गाँव में कहीं चोरी हो, काशी उसका पता देता है। जो काम पुलिस के भेदियों से पूरा न हो, उसे वह पूरा कर देता है। यद्यपि वह जाति का भर है तथापि गाँव में उसका बड़ा आदर है। इन सब भक्तियों का पुरस्कार वह मदिरा के अतिरिक्त और कुछ नहीं लेता। नाम निकलवाइये, पर एक बोतल उसको भेंट कीजिये। आपका अभियोग न्यायालय में हैं; काशी उसके विजय का अनुष्ठान कर रहा है। बस, आप उसे एक बोतल लाल जल दीजिये।

होली का समय अति निकट है ! एक सप्ताह से अधिक नहीं। अहा! मेरा हृदय इस समय कैसा खिल रहा है? मन में आनन्दप्रद गुदगुदी हो रही है। आँखें तुम्हें देखने के लिए अकुला रही है। यह सप्ताह बड़ी कठिनाई से कटेगा। तब मैं अपने पिया के दर्शन पाँऊगी।

तुम्हारी

विरजन

(4)

मझगाँव

प्यारे

तुम पाषाणहृदय हो, कट्टर हो, स्नेह–हीन हो, निर्दय हो, अकरुण हो झूठो हो! मैं तुम्हें और क्या गालियाँ दूँ और क्या कोसूँ? यदि तुम इस क्षण मेरे सम्मुख होते, तो इस वज्रहृदयता का उत्तर देती। मैं कह रही हूँ, तुम दगाबाज हो। मेरा क्या कर लोगे? नहीं आते तो मत आओ। मेरा प्राण लेना चाहते हो, ले लो। रुलाने की इच्छा है, रुलाओ। पर मैं क्यों रोऊं ! मेरी बला रोवे। जब आपको इतना ध्यान नहीं कि दो घण्टे की यात्रा है, तनिक उसकी सुधि लेता आँऊ, तो मुझे क्या पड़ी है कि रोंऊ और प्राण खोंऊ?

ऐसा क्रोध आ रहा है कि पत्र फाड़कर फेंक दूं और फिर तुमसे बात न करूं। हाँ ! तुमने मेरी सारी अभिलाषाएँ, कैसे धूल में मिलायी हैं? होली! होली ! किसी के मुख से यह शब्द निकला और मेरे हृदय में गुदगुदी होने लगी, पर शोक ! होली बीत गयी और मैं निराश रह गयी। पहिले यह शब्द सुनकर आनन्द होता था। अब दुःख होता है। अपना–अपना भाग्य है। गाँव के भूखे–नंगे लँगोटी में फाग खेलें, आनन्द मनावें, रंग उड़ावें और मैं अभागिनी अपनी चारपाई पर सफेद साड़ी पहिने पड़ी रहूँ। शपथ ले जो उस पर एक लाल धब्बा भी पड़ा हो। शपथ ले लो जो मैंने अबीर और गुलाल हाथ से छुई भी हो। मेरी इत्र से बनी हुई अबीर, केवड़े में घोली गुलाल, रचकर बनाये हुए पान सब तुम्हारी अकृपा का रोना रो रहे हैं। माधवी ने जब बहुत हठ की, तो मैंने एक लाल टीका लगवा लिया। पर आज से इन दोषारोपणों का अन्त होता है। यदि फिर कोई शब्द दोषारोपण का मुख से निकला तो जबान काट लूँगी।

परसों सायंकाल ही से गाँव में चहल–पहल मचने लगी। नवयुवकों का एक दल हाथ में डफ लिये, अश्लील शब्द बकते द्वार–द्वार फेरी लगाने लगा। मुझे ज्ञान न था कि आज यहाँ इतनी गालियाँ खानी पड़ेंगी। लज्जाहीन शब्द उनके मुख से इस प्रकार बेधड़क निकलते थे जैसे फूल झड़ते हों। लज्जा और संकोच का नाम न था। पिता, पुत्र के सम्मुख और पुत्र, पिता के सम्मुख गालियाँ बक रहे थे। पिता ललकार कर पुत्र–वधू से कहता है–आज होली है! वधू घर में सिर नीचा किये हुए सुनती है और मुस्करा देती है। हमारे पटवारी

साहब तो एक ही महात्म निकले। आप मदिरा में मस्त, एक मैली–सी टोपी सिर पर रखे इस दल के नायक थे। उनकी बहू–बेटियाँ उनकी अश्लीलता के वेग से न बच सकीं। गालियाँ खाओ और हँसो। यदि बदन पर तनिक भी मैल आये, तो लोग समझेंगे कि इसका मुहर्रम का जन्म है भली प्रथा है।

लगभग तीन बजे रात्रि के झुण्ड होली माता के पास पहुँचा। लड़के अग्नि–क्रीड़ादि में तत्पर थे। मैं भी कई स्त्रियों के पास गयी, वहाँ स्त्रियाँ एक ओर होलियाँ गा रही थीं। निदान होली में आग लगाने का समय आया। अग्नि लगते ही ज्वाला भड़की और सारा आकाश स्वर्ण–वर्ण हो गया। दूर–दूर तक के पेड़–पत्ते प्रकाशित हो गये। अब इस अग्नि–राशि के चारों ओर 'होली माता की जय!' चिल्ला कर दौड़ने लगे। सबके हाथों में गेहूँ और जौ की बालियाँ थीं, जिसको वे इस अग्नि में फेंकते जाते थे।

जब ज्वाला बहुत उत्तेजित हुई, तो लोग एक किनारे खड़े होकर 'कबीर' कहने लगे। छः घण्टे तक यही दशा रही। लकड़ी के कुन्दों से चटाकपटाक के शब्द निकल रहे थे। पशुगण अपने–अपने खूंटों पर भय से चिल्ला रहे थे। तुलसा ने मुझसे कहा–अब की होली की ज्वाला टेढ़ी जा रही है। कुशल नहीं। जब ज्वाला सीधी जाती है, गाँव में साल–भर आनन्द की बधाई बजती है। परन्तु ज्वाला का टेढ़ी होना अशुभ है निदान लपट कम होने लगी। आँच की प्रखरता मन्द हुई। तब कुछ लोग होली के निकट आकर ध्यानपूर्वक देखने लगे। जैसे कोई वस्तु ढूँढ़ रहे हों। तुलसा ने बतलाया कि जब बसन्त के दिन होली की नींव पड़ती है, तो पहिले एक एरण्ड गाड़ देते हैं। उसी पर लकड़ी और उपलों का ढेर लगाया जाता है। इस समय लोग उस एरण्ड के पौधे को ढूँढ रहे हैं। उस मनुष्य की गणना वीरों में होती है जो सबसे पहले उस पौधे पर ऐसा लक्ष्य करे कि वह टूट कर दूर जा गिरे। प्रथम पटवारी साहब पैंतरे बदलते आये, पर दस गज की दूरी से झाँककर चल दिये। तब राधा हाथ में एक छोटा–सा सोंटा लिये साहस और दृढ़तापूर्वक आगे बढ़ा और आग में घुस कर वह भरपूर हाथ लगाया कि पौधा अलग जा गिरा। लोग उन टुकड़ों को लूटने लगे। माथे पर उसका टीका लगाते हैं और उसे शुभ समझते हैं।

यहाँ से अवकाश पाकर पुरुष–मण्डली देवीजी के चबूतरे की ओर बढ़ी। पर यह न समझना, यहाँ देवीजी की प्रतिष्ठा की गई होगी। आज वे भी

गालियाँ सुनना पसन्द करते हैं। छोटे–बड़े सब उन्हें अश्लील गालियाँ सुना रहे थे। अभी थोड़े दिन हुए उन्हीं देवीजी की पूजा हुई थी। सच तो यह है कि गाँवों में आजकल ईश्वर को गाली देना भी क्षम्य है। माता–बहिनों की तो कोई गणना नहीं।

प्रभात होते ही लाला ने महाराज से कहा–आज कोई दो सेर भंग पिसवा लो। दो प्रकार की अलग–अलग बनवा लो। सलोनी और मीठी। महाराज निकले और कई मनुष्यों को पकड़ लाये। भांग पीसी जाने लगी। बहुत से कुल्हड़ मँगाकर क्रमपूर्वक रखे गये। दो घड़ों में दोनों प्रकार की भांग रखी गयी। फिर क्या था, तीन–चार घण्टों तक पियक्कड़ों का तांता लगा रहा, लोग खूब बखान करते थे और गर्दन हिला–हिलाकर महाराज की कुशलता की प्रशंसा करते थे। जहाँ किसी ने बखान किया कि महाराज ने दूसरा कुल्हड़ भरा बोले–ये सलोनी है। इसका भी स्वाद चखलो। अजी पी भी लो। क्या दिन–दिन होली आयेगी कि सब दिन हमारे हाथ की बूटी मिलेगी? इसके उत्तर में किसान ऐसी दृष्टि से ताकता था, मानो किसी ने उसे संजीवन रस दे दिया और एक की जगह तीन–तीन कुल्हड़ चट कर जाता। पटवारी के जामाता मुन्शी जगदम्बा प्रसाद साहब का शुभागमन हुआ है। आप कचहरी में अरायजनवीस हैं। उन्हें महाराज ने इतनी पिला दी कि आपे से बाहर हो गये और नाचने–कूदने लगे। सारा गाँव उनसे पोदरी करता था। एक किसान आता है और उनकी ओर मुस्कराकर कहता है–तुम यहाँ ठाढ़ी हो, घर जाके भोजन बनाओ, हम आवत हैं। इस पर बड़े ज़ोर की हँसी होती है, काशी भर मद में लट्ठा कन्धे पर रखे आता और सभास्थित जनों की ओर बनावटी क्रोध से देखकर गरजता है–महाराज, अच्छी बात नहीं है कि तुम हमारी नयी बहुरिया से मजा लूटते हो। यह कहकर मुन्शीजी को छाती से लगा लेता है।

मुंशीजी बेचारे छोटे कद के मनुष्य, इधर–उधर फड़फड़ाते हैं, पर नक्कारखाने में तूती की आवाज कौन सुनता है? कोई उन्हें प्यार करता है और गले लगाता है। दोपहर तक यही छेड़–छाड़ हुआ की। तुलसा अभी तक बैठी हुई थी। मैंने उससे कहा–आज हमारे यहाँ तुम्हारा न्योता है। हम तुम संग खायेंगी। यह सुनते ही महाराजिन दो थालियों में भोजन परोसकर लायी। तुलसा

इस समय खिड़की की ओर मुँह करके खड़ी थी। मैंने जो उसको हाथ पकड़कर अपनी और खींचा तो उसे अपनी प्यारी–प्यारी आँखों से मोती के सोने बिखेरते हुए पाया। मैं उसे गले लगाकर बोली–सखी सच–सच बतला दो, क्यों रोती हो? हमसे कोई दुराव मत रखो। इस पर वह और भी सिसकने लगी। जब मैंने बहुत हठ की, उसने सिर घुमाकर कहा–बहिन! आज प्रातःकाल उन पर निशान पड़ गया। न जाने उन पर क्या बीत रही होगी। यह कहकर वह फूट–फूटकर रोने लगी। ज्ञात हुआ कि राधा के पिता ने कुछ ऋण लिया था। वह अभी तक चुका न सका था। महाजन ने सोचा कि इसे हवालात ले चलूँ तो रुपये वसूल हो जायें। राधा कन्नी काटता फिरता था। आज द्वेषियों को अवसर मिल गया और वे अपना काम कर गये। शोक ! मूल धन रुपये से अधिक न था। प्रथम मुझे ज्ञात होता तो बेचारे पर त्योहार के दिन यह आपत्ति न आने पाती। मैंने चुपके से महाराज को बुलाया और उन्हें बीस रुपये देकर राधा को छुड़ाने के लिये भेजा।

उस समय मेरे द्वार पर एक टाट बिछा दिया गया था। लालाजी मध्य में कालीन पर बैठे थे। किसान लोग घुटने तक धोतियाँ बाँधे, कोई कुर्ती पहिने कोई नग्न देह, कोई सिर पर पगड़ी बाँधे और नंगे सिर, मुख पर अबीर लगाये–जो उनके काले वर्ण पर विशेष छटा दिखा रही थी–आने लगे। जो आता, लालाजी के पैरों पर थोड़ी–सी अबीर रख देता। लाला जी भी अपने तश्तरी में से थोड़ी–सी अबीर निकालकर उसके माथे पर लगा देते और मुस्कुराकर कोई दिल्लगी की बात कर देते थे। वह निहाल हो जाता, सादर प्रणाम करता और ऐसा प्रसन्न होकर आ बैठता, मानो किसी रंक ने रत्न–राशि पायी है। मुझे स्वप्न में भी ध्यान न था कि लालाजी इन उजड्ड देहातियों के साथ बैठकर ऐसे आनन्द से वर्तालाप कर सकते हैं। इसी बीच में काशी भर आया। उसके हाथ में एक छोटी–सी कटोरी थी। वह उसमें अबीर लिए हुए था। उसने अन्य लोगों की भाँति लालाजी के चरणों पर अबीर नहीं रखी, किंतु बड़ी धृष्टता से मुट्ठी–भर लेकर उनके मुख पर भली भाँति मल दी। मैं तो डरी, कहीं लालाजी रुष्ट न हो जायँ। पर वह बहुत प्रसन्न हुए और स्वयं उन्होंने भी एक टीका लगाने के स्थान पर दोनों हाथों से उसके मुख पर अबीर

मली। उसकी ओर इस दृष्टि से देखते थे कि निस्संदेह तू वीर है और इस योग्य है कि हमारा नायक बने। इसी प्रकार एक–एक करके दो–ढाई सौ मनुष्य एकत्र हुए ! अचानक उन्होंने कहा–आज कहीं राधा नहीं दीख पड़ता, क्या बात है? कोई उसके घर जाके देखा तो। मुंशी जगदम्बा प्रसाद अपनी योग्यता प्रकाशित करने का अच्छा अवसर देखकर बोले उठे–हजूर वह दफा 13 नं. अलिफ ऐक्ट (अ) में गिरफ्तार हो गया। रामदीन पांडे ने वारण्ट जारी करा दिया। हरीच्छा से रामदीन पांडे भी वहाँ बैठे हुए थे। लाला जी ने उनकी ओर परम तिरस्कार दृष्टि से देखा और कहा–क्यों पांडेजी, इस दीन को बन्दीगृह में बन्द करने से तुम्हारा घर भर जायगा? यही मनुष्यता और शिष्टता अब रह गयी है। तुम्हें तनिक भी दया न आयी कि आज होली के दिन उसे स्त्री और बच्चों से अलग किया। मैं तो सत्य कहता हूँ कि यदि मैं राधा होता, तो बन्दीगृह से लौटकर मेरा प्रथम उद्योग यही होता कि जिसने मुझे यह दिन दिखाया है, उसे मैं भी कुछ दिनों हलदी पिलवा दूँ। तुम्हें लाज नहीं आती कि इतने बड़े महाजन होकर तुमने बीस रुपये के लिए एक दीन मनुष्य को इस प्रकार कष्ट में डाला। डूब मरना था ऐसे लोभ पर! लालाजी को वस्तुतः क्रोध आ गया था। रामदीन ऐसा लज्जित हुआ कि सब सिट्टी–पिट्टी भूल गयी। मुख से बात न निकली। चुपके से न्यायालय की ओर चला। सब–के–सब कृषक उसकी ओर क्रोध–पूर्ण दृष्टि से देख रहे थे। यदि लालाजी का भय न होता तो पांडेजी की हड्डी–पसली वहीं चूर हो जाती।

इसके पश्चात लोगों ने गाना आरम्भ किया। मद में तो सब–के–सब गाते ही थे, इस पर लालाजी के भातृ–भाव के सम्मान से उनके मन और भी उत्साहित हो गये। खूब जी तोड़कर गाया। डफें तो इतने ज़ोर से बजती थीं कि अब फटी और तब फटीं। जगदम्बाप्रसाद ने दुहरा नशा चढ़ाया था। कुछ तो उनके मन में स्वतः उमंग उत्पन्न हुई, कुछ दूसरों ने उत्तेजना दी। आप मध्य सभा में खड़ा होकर नाचने लगे; विश्वास मानो, नाचने लगे। मैंने अचकन, टोपी, धोती और मूंछोवाले पुरुष को नाचते न देखा था। आध घण्टे तक वे बन्दरों की भाँति उछलते–कूदते रहे। निदान मद ने उन्हें पृथ्वी पर लिटा दिया। तत्पश्चात् एक और अहीर उठा एक अहीरिन भी मण्डली से निकली और

दोनों चौक में जाकर नाचने लगे। दोनों नवयुवक फुर्तीले थे। उनकी कमर और पीठ की लचक विलक्षण थी। उनके हाव भाव, कमर का लचकना, रोम–रोम का फड़कना, गर्दन का मोड़, अंगों का मरोड़ देखकर विस्मय होता था बहुत अभ्यास और परिश्रम का कार्य है।

अभी यहाँ नाच हो ही रहा था कि सामने बहुत–से मनुष्य लंबी–लंबी लाठियाँ कन्धों पर रखे आते दिखायी दिये। उनके संग डफ भी था। कई मनुष्य हाथों में झाँझ और मजीरे लिये हुए थे। वे गाते–बजाते आये और हमारे द्वार पर रुके। अकस्मात तीन–चार मनुष्यों ने मिलकर ऐसे आकाशभेदी शब्दों में 'अररर...कबीर की ध्वनि लगायी कि घर काँप उठा। लालाजी निकले। ये लोग उसी गाँव के थे, जहाँ निकासी के दिन लाठियाँ चली थीं। लालाजी को देखते ही कई पुरुषों ने उनके मुख पर अबीर मला। लालाजी ने भी प्रत्युत्तर दिया। फिर लोगों को फर्श पर बिठाया। इलायची और पान से उनका सम्मान किया। फिर गाना हुआ। इस गाँववालों ने भी अबीर मली और मलवायी। जब ये लोग बिदा होने लगे, तो यह होली गायी:

'सदा आनन्द रहे हि द्वारे मोहन खेलें होरी।'

कितना सुहावना गीत है! मुझे तो इसमें रस और भाव कूट–कूटकर भरा हुआ प्रतीत होता है। होली का भाव कैसे साधारण और संक्षिप्त शब्दों में प्रकट कर दिया गया है। मैं बारम्बार यह प्यारा गीत गाती हूँ, आनन्द लूटती हूँ। होली का त्योहार परस्पर प्रेम और मेल बढ़ाने के लिए है। सम्भव था कि वे लोग, जिनसे कुछ दिन पहले लाठियाँ चली थीं, इस गाँव में इस प्रकार बेधड़क चले आते। पर यह होली का दिन है। आज किसी को किसी से द्वेष नहीं है। आज प्रेम और आनन्द का स्वराज्य है। आज के दिन यदि दुखी हो तो परदेशी बालम की अबला। रोवे तो युवती विधवा! इनके अतिरिक्त और सबके लिए आनन्द की बधाई है।

सन्ध्या –समय गाँव की सब स्त्रियाँ हमारे यहाँ खेलने आयीं। माताजी ने उन्हें बड़े आदर से बैठाया। रंग खेला, पान बाँटा। मैं मारे भय के बाहर न निकली। इस प्रकार छुट्टी मिली। अब मुझे ध्यान आया कि माधवी दोपहर से गायब है। मैंने सोचा था शायद गाँव में होली खेलने गयी हो। परन्तु इन स्त्रीयों

के संग न थी। तुलसा अभी तक चुपचाप खिड़की की ओर मुँह किये बैठी थी। दीपक में बत्ती पड़ी रही थी कि वह अकस्मात् उठी, मेरे चरणों पर गिर पड़ी और फूट–फूटकर रोने लगी। मैंने खिड़की की ओर झाँका तो देखती हूँ कि आगे–आगे महाराज, उसके पीछे राधा और सबसे पीछे रामदीन पांडे चल रहे हैं। गाँव के बहुत से आदमी उनके संग है। राधा का बदन कुम्हलाया हुआ है। लालाजी ने ज्योंही सुना कि राधा आ गया, चट बाहर निकल आये और बड़े स्नेह से उसको कण्ठ से लगा लिया, जैसे कोई अपने पुत्र को गले से लगाता है। राधा चिल्ला चिल्लाकर के चरणों में गिर पड़ा। लालाजी ने उसे भी बड़े प्रेम से उठाया। मेरी आँखों में भी उस समय आँसू न रुक सके। गाँव के बहुत से मनुष्य रो रहे थे। बड़ा करुणापूर्ण दृश्य था। लालाजी के नेत्रों में मैंने कभी आँसू न देखे थे। वे इस समय देखे। रामदीन पाण्डेय मस्तक झुकाये ऐसा खड़ा था, माना गौ–हत्या की हो। उसने कहा–मेरे रुपये मिल गये, पर इच्छा है, इनसे तुलसा के लिए एक गाय ले दूँ।

राधा और तुलसा दोनों अपने घर गये। परन्तु थोड़ी देर में तुलसा माधवी का हाथ पकड़े हँसती हुई मेरे घर आयी बोली–इनसे पूछो, ये अब तक कहाँ थीं?

मैं–कहाँ थी? दोपहर से गायब हो?

माधवी–यहीं तो थी।

मैं–यहाँ कहाँ थीं? मैंने तो दोपहर से नहीं देखा। सच–सच बता दो मैं रुष्ट न हाँऊगी।

माधवी–तुलसा के घर तो चली गयी थी।

मैं–तुलसा तो यहाँ बैठी है, वहाँ अकेली क्या सोती रहीं?

तुलसा–(हँसकर) सोती काहे को जागती रही। भोजन बनाती रही, बरतन चौका करती रही।

माधवी–हाँ, चौका–बरतन करती रही। कोई तुम्हार नौकर लगा हुआ है न! ज्ञात हुअ कि जब मैंने महाराज को राधा को छुड़ाने के लिए भेजा था, तब से माधवी तुलसा के घर भोजन बनाने में लीन रही। उसके किवाड़ खोले। यहाँ

से आटा, घी, शक्कर सब ले गयी। आग जलायी और पूड़ियाँ, कचौड़ियाँ, गुलगुले और मीठे समोसे सब बनाये। उसने सोचा था कि मैं यह सब बताकर चुपके से चली जाँऊगी। जब राधा और तुलसा जायेंगे, तो विस्मित होंगे कि कौन बना गया! पर स्यात् विलम्ब अधिक हो गया और अपराधी पकड़ लिया गया। देखा, कैसी सुशीला बाला है।

अब विदा होती हूँ। अपराध क्षमा करना। तुम्हारी चेरी हूँ जैसे रखोगे वैसे रहूँगी। यह अबीर और गुलाल भेजती हूँ। यह तुम्हारी दासी का उपहार है। तुम्हें हमारी शपथ मिथ्या सभ्यता के उमंग में आकर इसे फेंक न देना, नहीं तो मेरा हृदय दुखी होगा।

तुम्हारी, विरजन

मझगाँव

'प्यारे!

तुम्हारे पत्र ने बहुत रुलाया। अब नहीं रहा जाता। मुझे बुला लो। एक बार देखकर चली आँऊगी। सच बताओ, यदि में तुम्हारे यहाँ आ जाऊँ, तो हँसी तो न उड़ाओगे? न जाने मन में क्या समझोगे? पर कैसे आऊं? तुम लालाजी को लिखो खूब! कहेंगे यह नयी धुन समायी है।

कल चारपाई पर पड़ी थी। भोर हो गया था, शीतल मन्द पवन चल रहा था कि स्त्रियों के गाने का शब्द सुनायी पड़ा। स्त्रीयों अनाज का खेत काटने जा रही थीं।

झाँककर देखा तो दस–दस बारह–बारह स्त्रियों का एक एक गोल था। सबके हाथों में हंसिया, कन्धों पर गाठियाँ बाँधने के रस्से और सिर पर भुने हुए मटर की छबड़ी थी। ये इस समय जाती हैं, कहीं बारह बजे लौटेंगी। आपस में गाती, चुहलें करती चली जाती थीं।

दोपहर तक बड़ी कुशलता रही। अचानक आकाश मेघाच्छन्न हो गया। आँधी आ गयी और ओले गिरने लगे। मैंने इतने बड़े ओले गिरते न देखे थे। आलू से बड़े और ऐसी तेजी से गिरे जैसे बन्दूक से गोली। क्षण–भर में पृथ्वी पर एक फुट ऊँचा बिछावन बिछ गया। चारों तरफ से कृषक भागने लगे। गायें,

बकरियाँ, भेड़ें सब चिल्लाती हुई पेड़ों की छाया ढूँढ़ती, फिरती थीं। मैं डरी कि न–जाने तुलसा पर क्या बीती। आँखे फैलाकर देखा तो खुले मैदान में तुलसा, राधा और मोहिनी गाय दीख पड़ी। तीनों घमासान ओले की मार में पड़े थे! तुलसा के सिर पर एक छोटी–सी टोकरी थी और राधा के सिर पर एक बड़ा–सा गट्ठा। मेरे नेत्रों में आँसू भर आये कि न जाने इन बेचारों की क्या गति होगी। अकस्मात एक प्रखर झोंके ने राधा के सिर से गट्ठा गिरा दिया। गट्ठे का गिरना था कि चट तुलसा ने अपनी टोकरी उसके सिर पर औंधा दी। न–जाने उस पुष्प जैसे सिर पर कितने ओले पड़े। उसके हाथ कभी पीठ पर जाते, कभी सिर सहलाते। अभी एक सेकेण्ड से अधिक यह दशा न रही होगी कि राधा ने बिजली की भाँति लपककर गट्ठा उठा लिया और टोकरी तुलसा को दे दी। कैसा घना प्रेम है!

अनर्थकारी दुदैव ने सारा खेल बिगाड़ दिया ! प्रातःकाल स्त्रियाँ गाती हुई जा रही थीं। सन्ध्या को घर–घर शोक छाया हुआ था। कितनों के सिर लहू–लुहान हो गये, कितने हल्दी पी रहे हैं। खेती सत्यानाश हो गयी। अनाज बर्फ के तले दब गया।

ज्वर का प्रकोप हैं सारा गाँव अस्पताल बना हुआ है। काशी भर का भविष्य प्रवचन प्रमाणित हुआ। होली की ज्वाला का भेद प्रकट हो गया। खेती की यह दशा और लगान उगाहा जा रहा है। बड़ी विपत्ति का सामना है। मार–पीट, गाली, अपशब्द सभी साधनों से काम लिया जा रहा है। दोनों पर यह दैवी कोप!

तुम्हारी विरजन

मझगाँव

मेरे प्राणधिक प्रियतम,

पूरे पन्द्रह दिन के पश्चात् तुमने विरजन की सुधि ली। पत्र को बारम्बार पढ़ा। तुम्हारा पत्र रुलाये बिना नहीं मानता। मैं यों भी बहुत रोया करती हूँ। तुमको किन–किन बातों की सुधि दिलाऊँ? मेरा हृदय निर्बल है कि जब कभी इन बातों की ओर ध्यान जाता है तो विचित्र दशा हो जाती है। गर्मी–सी लगती

है। एक बड़ी व्यग्र करने वाली, बड़ी स्वादिष्ट, बहुत रुलानेवाली, बहुत दुराशापूर्ण वेदना उत्पन्न होती है। जानती हूँ कि तुम नहीं आ रहे और नहीं आओगे; पर बार–बार जाकर खड़ी हो जाती हूँ कि आ तो नहीं गये।

कल सायंकाल यहाँ एक चित्ताकर्षक प्रहसन देखने में आया। यह धोबियों का नाच था। पन्द्रह–बीस मनुष्यों का एक समुदाय था। उसमें एक नवयुवक श्वेत पेशवाज पहिने, कमर में असंख्य घंटियाँ बाँधे, पाँव में घुंघुरु पहिने, सिर पर लाल टोपी रखे नाच रहा था। जब पुरुष नाचता था तो मृदंग बजने लगती थी। ज्ञात हुआ कि ये लोग होली का पुरस्कार माँगने आये हैं। यह जाति पुरस्कार खूब लेती है। आपके यहाँ कोई काम–काज पड़े उन्हें पुरस्कार दीजिये; और उनके यहाँ कोई काम–काज पड़े, तो भी उन्हें पारितोषिक मिलना चाहिए। ये लोग नाचते समय गीत नहीं गाते। इनका गाना इनकी कविता है। पेशवाजवाला पुरुष मृदंग पर हाथ रखकर एक विरहा कहता है। दूसरा पुरुष सामने से आकर उसका प्रत्युत्तर देता है और दोनों तत्क्षण वह विरहा रचते हैं। इस जाति में कवित्व शक्ति अत्यधिक है। इन विरहों को ध्यान से सुनो तो उनमें बहुधा उत्तम कवित्व भाव प्रकट किये जाते हैं। पेशवाजवाले पुरुषों ने प्रथम जो विरहा कहा था, उसका यह अर्थ कि ऐ धोबी के बच्चों! तुम किसके द्वार पर आकर खड़े हो? दूसरे ने उत्तर दिया–अब न अकबर शाह है न राजा भोज, अब जो हैं हमारे मालिक हैं उन्हीं से माँगो। तीसरे विरहा का अर्थ यह है कि याचकों की प्रतिष्ठा कम होती है अतएव कुछ मत माँगों, गा–बाजकर चले चलो, देनेवाला बिन माँगे ही देगा। घण्टे–भर से ये लोग विरहे कहते रहे। तुम्हें प्रतीति न होगी, उनके मुख से विरहे इस प्रकार बेधड़क निकलते थे कि आश्चर्य प्रकट होता था। स्यात इतनी सुगमता से वे बातें भी न कर सकते हों। यह जाति बड़ी पियक्कड़ है।

मदिरा पानी की भाँति पीती है। विवाह में मदिरा, गौने में मदिरा, पूजा–पाठ में मदिरा। पुरस्कार माँगेंगे तो पीने के लिए। धुलाई माँगेंगे तो यह कहकर कि आज पीने के लिए पैसे नहीं हैं। विदा होते समय बेचू धोबी ने जो विरहा कहा था, वह काव्यालंकार से भरा हुआ है। तुम्हारा परिवार इस प्रकार बढ़े जैसे गंगा जी का जल। लड़के फूले–फलें, जैसे आम का बौर।

मालकिन का सोहाग सदा बना रहे, जैसे दूब की हरियाली। कैसी अनोखी कविता है।

तुम्हारी विरजन मझगाँव

प्यारे,

एक सप्ताह तक चुप रहने की क्षमा चाहती हूँ। मुझे इस सप्ताह में तनिक भी अवकाश न मिला। माधवी बीमार हो गयी थी। पहले तो कुनैन की कई पुड़ियाँ खिलायी गयीं पर जब लाभ न हुआ और उसकी दशा और भी बुरी होने लगी तो, दिहलूराय वैद्य बुलाये गये। कोई पचास वर्ष की आयु होगी। नंगे पाँव सिर पर एक पगड़ी बाँधे, कन्धे पर अंगोछा रखे, हाथ में मोटा–सा सोटा लिये द्वार पर आकर बैठ गये। घर के जमींदार हैं, पर किसी ने उनके शरीर में मिजई तक नहीं देखी। उन्हें इतना अवकाश ही नहीं कि अपने शरीर–पालन की ओर ध्यान दें। इस मंडल में आठ–दस कोस तक के लोग उन पर विश्वास करते हैं। न वे हकीम को जानें, न डाक्टर को। उनके हकीम–डाक्टर जो कुछ हैं वे दिहलूराय है। सन्देशा सुनते ही आकर द्वार पर बैठ गये। डाक्टरों की भाँति नहीं की प्रथम सवारी माँगेंगे–वह भी तेज जिसमें उनका समय नष्ट न हो। आपके घर ऐसे बैठे रहेंगे, मानों गूंगें का गुड़ खा गये हैं। रोगी को देखने जायेंगे तो इस प्रकार भागेंगे मानो कमरे की वायु में विष भरा हुआ है। रोग परिचय और औषधि का उपचार केवल दो मिनट में समाप्त। दिहलूराय डाक्टर नहीं हैं–पर जितने मनुष्यों को उनसे लाभ पहुँचता हैं, उनकी संख्या का अनुमान करना कठिन है। वह सहानुभूति की मूर्ति है। उन्हें देखते ही रोगी का आधा रोग दूर हो जाता है। उनकी औषधियाँ ऐसी सुगम और साधारण होती हैं कि बिना पैसा–कौड़ी मनों बटोर लाइए। तीन ही दिन में माधवी चलने–फिरने लगी। वस्तुतः उस वैद्य की औषधि में चमत्कार है।

यहाँ इन दिनों मुगलिये ऊधम मचा रहे हैं। ये लोग जाड़े में कपड़े उधार दे देते हैं और चैत में दाम वसूल करते हैं। उस समय कोई बहाना नहीं सुनते। गाली गलौज मार–पीट सभी बातों पर उतर आते हैं। दो–तीन मनुष्यों को बहुत मारा। राधा ने भी कुछ कपड़े लिये थे। उनके द्वार पर जाके सब–के–सब गालियाँ देने लगे। तुलसा ने भीतर से किवाड़ बन्द कर दिये।

जब इस प्रकार बस न चला, तो एक मोहनी गाय को खुँटे से खोलकर खींचते हुए ले चला। इतने में राधा दूर से आता दिखाई दिया। आते ही आते उसने लाठी का वह हाथ मारा कि एक मुगलिये की कलाई लटक पड़ी। तब तो मुगलिये कुपित हुए, पैंतरे बदलने लगे। राधा भी जान पर खेल गया और तीन दुष्टों को बेकार कर दिया। इतने काशी भर ने आकर एक मुगलिये की खबर ली। दिहलूराय को मुगलियों से चिढ़ है। साभिमान कहा करते हैं कि मैंने इनके इतने रुपये डुबा दिये, इतनों को पिटवा दिया कि जिसका हिसाब नहीं। यह कोलाहल सुनते ही वे भी पहुँच गये। फिर तो सैकड़ों मनुष्य लाठियाँ ले–लेकर दौड़ पड़े। उन्होंने मुगलियों की भली–भाँति सेवा की। आशा है कि इधर आने का अब साहस न होगा।

अब तो मई का मास भी बीत गया। क्यों अभी छुट्टी नहीं हुई? रात–दिन तुम्हारे आने की प्रतीक्षा है। नगर में बीमारी कम हो गई है। हम लोग बुहत शीघ्र यहाँ से चले जायेंगे। शोक ! तुम इस गाँव की सैर न कर सकोगे।

तुम्हारी

विरजन

18.

प्रतापचन्द्र और कमलाचरण

प्रतापचन्द्र को प्रयाग कालेज में पढ़ते तीन साल हो चुके थे। इतने काल में उसने अपने सहपाठियों और गुरुजनों की दृष्टि में विशेष प्रतिष्ठा प्राप्त कर ली थी। कालेज के जीवन का कोई ऐसा अंग न था जहाँ उनकी प्रतिभा न प्रदर्शित हुई हो। प्रोफेसर उस पर अभिमान करते और छात्रगण उसे अपना नेता समझते हैं। जिस प्रकार क्रीड़ा-क्षेत्र में उसका हस्तलाघव प्रशंसनीय था, उसी प्रकार व्याख्यान-भवन में उसकी योग्यता और सूक्ष्मदर्शिता प्रमाणित थी। कालेज से सम्बद्ध एक मित्र-सभा स्थापित की गयी थी। नगर के साधारण सभ्य जन, कालेज के प्रोफेसर और छात्रगण सब उसके सभासद थे। प्रताप इस सभा का उज्ज्वल चन्द्र था। यहाँ देशिक और सामाजिक विषयों पर विचार हुआ करते थे। प्रताप की वक्तृताएँ ऐसी ओजस्विनी और तर्क-पूर्ण होती थीं की प्रोफेसरों को भी उसके विचार और विषयान्वेषण पर आश्चर्य होता था। उसकी वक्तृता और उसके खेल दोनों ही प्रभाव-पूर्ण होते थे। जिस समय वह अपने साधारण वस्त्र पहिने हुए प्लेटफार्म पर जाता, उस समय सभास्थित लोगों की आँखे उसकी ओर एकटक देखने लगती और चित्त में उत्सुकता और उत्साह की तरंगें उठने लगती। उसका वाक्चातुर्य उसके संकेत और मृदुल उच्चारण, उसके अंगों-पांग की गति, सभी ऐसे प्रभाव-पूरित होते थे मानो शारदा स्वयं उसकी सहायता करती है। जब तक वह प्लेटफार्म पर रहता सभासदों पर एक मोहिनी-सी छायी रहती। उसका एक-एक वाक्य हृदय में

भिद जाता और मुख से सहसा 'वाह–वाह!' के शब्द निकल जाते। इसी विचार से उसकी वक्तृताएँ प्राय: अन्त में हुआ करती थी क्योंकि बहुधा श्रोतागण उसी की वाक्तीक्ष्णता का आस्वादन करने के लिए आया करते थे। उनके शब्दों और उच्चारणों में स्वाभाविक प्रभाव था। साहित्य और इतिहास उसका अन्वेषण और अध्ययन के विशेष थे। जातियों की उन्नति और अवनति तथा उसके कारण और गति पर वह प्राय: विचार किया करता था। इस समय उसके इस परिश्रम और उद्योग के प्रेरक तथा वक्तव्य विशेषकर श्रोताओं के साधुवाद ही होते थे और उन्हीं को वह अपने कठिन परिश्रम का पुरस्कार समझता था। हाँ, उसके उत्साह की यह गति देखकर यह अनुमान किया जा सकता था कि वह होनहार बिरवा आगे चलकर कैसे फल–फूल लायेगा और कैसे रंग–रुप निकालेगा। अभी तक उसने क्षण भर के लिए भी इस पर ध्यान नहीं दिया था कि मेरे आगामी जीवन का क्या स्वरुप होगा। कभी सोचता कि प्रोफेसर हो जाऊँगा और खूब पुस्तकें लिखूंगा। कभी वकील बनने की भावना करता। कभी सोचता, यदि छात्रवृत्ति प्राप्त होगी तो सिविल सर्विस का उद्योग करुंगा। किसी एक ओर मन नहीं टिकता था।

परन्तु प्रतापचन्द्र उन विद्यार्थियों में से न था, जिनका सारा उद्योग वक्तृता और पुस्तकों ही तक परिमित रहता है। उसके संयम और योग्यता का एक छोटा भाग जनता के लाभार्थ भी व्यय होता था। उसने प्रकृति से उदार और दयालु हृदय पाया था और सर्व साधारण से मिलने–जुलने और काम करने की योग्यता उसे पिता से मिली थी। इन्हीं कार्यों में उसका सदुत्साह पूर्ण रीति से प्रमाणित होता था। बहुधा सन्ध्या समय वह कीटगंज और कटरा की दुर्गन्धपूर्ण गलियों में घूमता दिखायी देता जहाँ विशेषकर नीची जाति के लोग बसते हैं। जिन लोगों की परछाई से उच्चवर्ण का हिन्दू भागता है, उनके साथ प्रताप टूटी खाट पर बैठ कर घंटों बातें करता और यही कारण था कि इन मुहल्लों के निवासी उस पर प्राण देते थे। प्रमाद और शारीरिक सुख–प्रलोभ ये दो अवगुण प्रतापचन्द्र में नाममात्र को भी न थे। कोई अनाथ मनुष्य हो, प्रताप उसकी सहायता के लिए तैयार था। कितनी रातें उसने झोपड़ों में कराहते हुए रोगियों के सिरहाने खड़े रहकर काटी थीं। इसी अभिप्राय से उसने जनता के लाभार्थ

एक सभा भी स्थापित कर रखी थी और ढाई वर्ष के अल्प समय में ही इस सभा ने जनता की सेवा में इतनी सफलता प्राप्त की थी कि प्रयागवासियों को उससे प्रेम हो गया था।

कमलाचरण जिस समय प्रयाग पहुँचा, प्रतापचन्द्र ने उसका बड़ा आदर किया। समय ने उसके चित्त के द्वेष की ज्वाला शांत कर दी थी। जिस समय वह विरजन की बीमारी का समाचार पाकर बनारस पहुँचा था और उससे भेंट होते ही विरजन की दशा सुधर चली थी, उसी समय प्रताप चन्द्र को विश्वास हो गया था कि कमलाचरण ने उसके हृदय में वह स्थान नहीं पाया है जो मेरे लिए सुरक्षित है। यह विचार द्वेषाग्नि को शान्त करने के लिए काफी था। इससे अतिरिक्त उसे प्रायः यह विचार भी उद्विगन किया करता था कि मैं ही सुशीला का प्राणघातक हूँ। मेरी ही कठोर वाणियों ने उस बेचारी का प्राणघात किया और उसी समय से जब कि सुशीला ने मरते समय रो–रोकर उससे अपने अपराधों की क्षमा माँगी थी, प्रताप ने मन में ठान लिया था। कि अवसर मिलेगा तो मैं इस पाप का प्रायश्चित अवश्य करुंगा। कमलाचरण का आदर–सत्कार तथा शिक्षा सुधार में उसे किसी अंश में प्रायश्चित को पूर्ण करने का अपूर्व अवसर प्राप्त हुआ। वह उससे इस प्रकार व्यवहार रखता, जैसे छोटा भाई उस के साथ वह अपने समय का कुछ भाग उसकी सहायता करने में व्यय करता और ऐसी सुगमता से शिक्षक का कर्तव्य पालन करता कि शिक्षा एक रोचक कथा का रुप धारण कर लेती।

परन्तु प्रतापचन्द्र के इन प्रयत्नों के होते हुए भी कमलाचरण का जी यहाँ बहुत घबराता। सारे छात्रवास में उसके स्वाभावनुकूल एक मनुष्य भी न था, जिससे वह अपने मन का दुःख कहता। वह प्रताप से निस्संकोच रहते हुए भी चित्त की बहुत–सी बातें न कहता था। जब निर्जनता से जी अधिक घबराता तो विरजन को कोसने लगता कि मेरे सिर पर यह सब आपत्तियाँ उसी की लादी हुई हैं। उसे मुझसे प्रेम नहीं। मुख और लेखनी का प्रेम भी कोई प्रेम है? मैं चाहे उस पर प्राण ही क्यों न वारुं, पर उसका प्रेम वाणी और लेखनी से बाहर न निकलेगा। ऐसी मूर्ति के आगे, जो पसीजना जानती ही नहीं, सिर पटकने से क्या लाभ। इन विचारों ने यहाँ तक ज़ोर पकड़ा कि उसने विरजन

को पत्र लिखना भी त्याग दिया। वह बेचारी अपने पत्रों में कलेजा निकालकर रख देती, पर कमला उत्तर तक न देता। यदि देता भी तो रुखा और हृदयविदारक। इस समय विरजन की एक–एक बात, उसकी एक–एक चाल उसके प्रेम की शिथिलता का परिचय देती हुई प्रतीत होती थी। हाँ, यदि विस्मरण हो गयी थी तो विरजन की स्नेहमयी बातें, वे मतवाली आँखे जो वियोग के समय डबडबा गयी थीं और कोमल हाथ जिन्होंने उससे विनती की थी कि पत्र बराबर भेजते रहना। यदि वे उसे स्मरण हो आते, तो सम्भव था कि उसे कुछ संतोष होता। परन्तु ऐसे अवसरों पर मनुष्य की स्मरणशक्ति धोखा दे दिया करती है।

निदान, कमलाचरण ने अपने मन–बहलाव का एक ढंग सोच ही निकाला। जिस समय से उसे कुछ ज्ञान हुआ, तभी से उसे सौन्दर्य–वाटिका में भ्रमण करने की चाट पड़ी थी, सौन्दर्योपासना उसका स्वभाव हो गया था। वह उसके लिए ऐसी ही अनिवार्य थी, जैसे शरीर रक्षा के लिए भोजन। बोर्डिंग हाउस से मिली हुई एक सेठ की वाटिका थी और उसकी देखभाल के लिए माली नौकर था। उस माली के सरयूदेवी नाम की एक कुँवारी लड़की थी। यद्यपि वह परम सुन्दरी न थी, तथापि कमला सौन्दर्य का इतना इच्छुक न था, जितना किसी विनोद की सामग्री का। कोई भी स्त्री, जिसके शरीर पर यौवन की झलक हो, उसका मन बहलाने के लिए समुचित थी। कमला इस लड़की पर डोरे डालने लगा। सन्ध्या समय निरन्तर वाटिका की पटरियों पर टहलता हुआ दिखायी देता। और लड़के तो मैदान में कसरत करते, पर कमलाचरण वाटिका में आकर ताक–झाँक किया करता। धीरे–धीरे सरयूदेवी से परिचय हो गया। वह उससे गजरे मोल लेता और चौगुना मूल्य देता। माली को त्योहार के समय सबसे अधिक त्योहारी कमलाचरण ही से मिलती। यहाँ तक कि सरयूदेवी उसके प्रीति–रुपी जाल का आखेट हो गयी और एक–दो बार अन्धकार के पर्दे में परस्पर संभोग भी हो गया।

एक दिन सन्ध्या का समय था, सब विद्यार्थी सैर को गये हुए थे, कमला अकेला वाटिका में टहलता था और रह–रहकर माली के झोपड़ों की ओर झाँकता था। अचानक झोपड़े में से सरयूदेवी ने उसे संकेत द्वारा बुलाया।

कमला बड़ी शीघ्रता से भीतर घुस गया। आज सरयूदेवी ने मलमल की साड़ी पहनी थी, जो कमलाबाबू का उपहार थी। सिर में सुगंधित तेल डाला था, जो कमला बाबू बनारस से लाये थे और एक छींट का सलूका पहने हुई थी, जो बाबू साहब ने उसके लिए बनवा दिया था। आज वह अपनी दृष्टि में परम सुन्दरी प्रतीत होती थी, नहीं तो कमला जैसा धनी मनुष्य उस पर क्यों प्राण देता? कमला खटोले पर बैठा हुआ सरयूदेवी के हाव–भाव को मतवाली दृष्टि से देख रहा था। उसे उस समय सरयूदेवी बृजरानी से किसी प्रकार कम सुन्दरी नहीं दीख पड़ती थी। वर्ण में तनिक सा अन्तर था, पर यह ऐसा कोई बड़ा अंतर नहीं। उसे सरयूदेवी का प्रेम सच्चा और उत्साहपूर्ण जान पड़ता था, क्योंकि वह जब कभी बनारस जाने की चर्चा करता, तो सरयूदेवी फूट–फूटकर रोने लगती और कहती कि मुझे भी लेते चलना। मैं तुम्हारा संग न छोडूंगी। कहाँ यह प्रेम की तीव्रता व उत्साह का बाहुल्य और कहाँ विरजन की उदासीन सेवा और निर्दयतापूर्ण अभ्यर्थना !

कमला अभी भलीभाँति आँखों को सेंकने भी न पाया था कि अकस्मात् माली ने आकर द्वार खटखटाया। अब काटो तो शरीर में रुधिर नहीं। चेहरे का रंग उड़ गया। सरयूदेवी से गिड़गिड़ाकर बोला–मैं कहाँ जाऊँ? सरयूदेवी का ज्ञान आप ही शून्य हो गया, घबराहट में मुख से शब्द तक न निकला। इतने में माली ने फिर किवाड़ खटखटाया। बेचारी सरयूदेवी विवश थी। उसने डरते–डरते किवाड़ खोल दिया। कमलाचरण एक कोने में श्वास रोककर खड़ा हो गया।

जिस प्रकार बलिदान का बकरा कटार के तले तड़पता है उसी प्रकार कोने में खड़े हुए कमला का कलेजा धड़क रहा था। वह अपने जीवन से निराश था और ईश्वर को सच्चे हृदय से स्मरण कर रहा था और कह रहा था कि इस बार इस आपत्ति से मुक्त हो जाऊँगा तो फिर कभी ऐसा काम न करूंगा।

इतने में माली की दृष्टि उस पर पड़ी, पहिले तो घबराया, फिर निकट आकर बोला–यह कौन खड़ा है? यह कौन है?

इतना सुनना था कि कमलाचरण झपटकर बाहर निकला और फाटक की ओर जी छोड़कर भागा। माली एक डंडा हाथ में लिये 'लेना–लेना, भागने

न पाये?' कहता हुआ पीछे–पीछे दौड़ा। यह वह कमला है जो माली को पुरस्कार व पारितोषिक दिया करता था, जिससे माली सरकार और हुजूर कहकर बातें करता था। वही कमला आज उसी माली सम्मुख इस प्रकार जान लेकर भागा जाता है। पाप अग्नि का वह कुण्ड है जो आदर और मान, साहस और धैर्य को क्षण–भर में जलाकर भस्म कर देता है।

कमलाचरण वृक्षों और लताओं की ओट में दौड़ता हुआ फाटक से बाहर निकला। सड़क पर ताँगा जा रहा था, जो बैठा और हाँफते–हाँफते अशक्त होकर गाड़ी के पटरे पर गिर पड़ा। यद्यपि माली ने फाटक तक भी पीछा न किया था, तथापि कमला प्रत्येक आने–जाने वाले पर चौंक–चौंककर दृष्टि डालता था, मानों सारा संसार शत्रु हो गया है। दुर्भाग्य ने एक और गुल खिलाया। स्टेशन पर पहुँचते ही घबराहट का मारा गाड़ी में जाकर बैठ गया, परन्तु उसे टिकट लेने की सुधि ही न रही और न उसे यह खबर थी कि मैं किधर जा रहा हूँ। वह इस समय इस नगर से भागना चाहता था, चाहे कहीं हो। कुछ दूर चला था कि अंग्रेज अफसर लालटेन लिये आता दिखाई दिया। उसके संग एक सिपाही भी था। वह यात्रियों का टिकट देखता चला आता था; परन्तु कमला ने जाना कि कोई पुलिस अफसर है। भय के मारे हाथ–पाँव सनसनाने लगे, कलेजा धड़कने लगा। जब अंग्रेज दूसरी गड़ियों में जाँच करता रहा, तब तक तो वह कलेजा कड़ा किये बैठा रहा, परन्तु ज्यों उसके डिब्बे का फाटक खुला कमला के हाथ–पाँव फूल गये, नेत्रों के सामने अंधेरा छा गया। उतावलेपन से दूसरी ओर का किवाड़ खोलकर चलती हुई रेलगाड़ी पर से नीचे कूद पड़ा। सिपाही और रेलवाले साहब ने उसे इस प्रकार कूदते देखा तो समझा कि कोई अभ्यस्त डाकू है, मारे हर्ष के फूले न समाये कि पारितोषिक अलग मिलेगा और वेतनोन्नति अलग होगी, झट लाल बत्ती दिखायी। तनिक देर में गाड़ी रुक गयी। अब गार्ड, सिपाही और टिकट वाले साहब कुछ अन्य मनुष्यों के सहित गाड़ी से उतर पड़े और लालटेन ले–लेकर इधर–उधर देखने लगे। किसी ने कहा–अब उसकी धूल भी न मिलेगी, पक्का डकैत था। कोई बोला–इन लोगों को कालीजी का इष्ट रहता है, जो कुछ न कर दिखायें, थोड़ा हैं परन्तु गार्ड आगे ही बढ़ता गया। वेतन वृद्धि की आशा

उसे आगे ही लिये जाती थी। यहाँ तक कि वह उस स्थान पर जा पहुँचा, जहाँ कमला गाड़ी से कूदा था। इतने में सिपाही ने खड्डे की ओर संकेत करके कहा–देखो, वह श्वेत रंग की क्या वस्तु है? मुझे तो कोई मनुष्य–सा प्रतीत होता है और लोगों ने देखा और विश्वास हो गया कि अवश्य ही दुष्ट डाकू यहाँ छिपा हुआ है, चलकर उसको घेर लो ताकि कहीं निकलने न पावे, तनिक सावधान रहना डाकू प्राणपर खेल जाते हैं। गाई साहब ने पिस्तौल सँभाली, मियाँ सिपाही ने लाठी तानी। कई स्त्रियों ने जूते उतार कर हाथ में ले लिये कि कहीं आक्रमण कर बैठा तो भागने में सुभीता होगा। दो मनुष्यों ने ढेले उठा लिये कि दूर ही से लक्ष्य करेंगे। डाकू के निकट कौन जाय, किसे जी भारी है? परन्तु जब लोगों ने समीप जाकर देखा तो न डाकू था, न डाकू भाई; किन्तु एक सभ्य स्वरुप, सुन्दर वर्ण, छरहरे शरीर का नवयुवक पृथ्वी पर औंधे मुख पड़ा है और उसके नाक और कान से धीरे–धीरे रुधिर बह रहा है।

कमला ने इधर साँस तोड़ी और विरजन एक भयानक स्वप्न देखकर चौंक पड़ी। सरयूदेवी ने विरजन का सोहाग लूट लिया।

19.

दु:ख–दशा

सौभाग्यवती स्त्री के लिए उसका पति संसार की सबसे प्यारी वस्तु होती है। वह उसी के लिए जीती और मारती है। उसका हँसना–बोलना उसी के प्रसन्न करने के लिए और उसका बनाव–श्रृंगार उसी को लुभाने के लिए होता है। उसका सोहाग जीवन है और सोहाग का उठ जाना उसके जीवन का अन्त है।

कमलाचरण की अकाल मृत्यु वृजरानी के लिए मृत्यु से कम न थी। उसके जीवन की आशाएँ और उमंगें सब मिट्टी में मिल गयीं। क्या–क्या अभिलाषाएँ थीं और क्या हो गया? प्रति–क्षण मृत कमलाचरण का चित्र उसके नेत्रों में भ्रमण करता रहता। यदि थोड़ी देर के लिए उसकी आँखें झपक जातीं, तो उसका स्वरुप साक्षात नेत्रों के सम्मुख आ जाता।

किसी–किसी समय में भौतिक त्रय–तापों को किसी विशेष व्यक्ति या कुटुम्ब से प्रेम–सा हो जाता है। कमला का शोक शान्त भी न हुआ था बाबू श्यामाचरण की बारी आयी। शाखा–भेदन से वृक्ष को मुरझाया हुआ न देखकर इस बार दुर्देव ने मूल ही काट डाला। रामदीन पाँडे बडा दंभी मनुष्य था। जब तक डिप्टी साहब मझगाँव में थे, दुबका बैठा रहा, परन्तु ज्योंही वे नगर को लौटे, उसी दिन से उसने उत्पात करना आरम्भ किया। सारा गाँव–का–गाँव उसका शत्रु था। जिस दृष्टि से मझगाँव वालों ने होली के दिन उसे देखा, वह दृष्टि उसके हृदय में काँटे की भाँति खटक रही थी। जिस मण्डल में माझगाँव

स्थित था, उसके थानेदार साहब एक बडे घाघ और कुशल रिश्वती थे। सहस्रों की रकम पचा जायें, पर डकार तक न लें। अभियोग बनाने और प्रमाण गढ़ने में ऐसे अभ्यस्त थे कि बाट चलते मनुष्य को फाँस लें और वह फिर किसी के छुड़ाये न छूटे। अधिकारी वर्ग उसके हथकण्डों से विज्ञ था, पर उनकी चतुराई और कार्यदक्षता के आगे किसी का कुछ बस न चलता था। रामदीन थानेदार साहब से मिला और अपने हृदयरोग की औषधि माँगी। उसके एक सप्ताह पश्चात् मझगाँव में डाका पड़ गया। एक महाजन नगर से आ रहा था। रात को नम्बरदार के यहाँ ठहरा। डाकुओं ने उसे लौटकर घर न जाने दिया। प्रातःकाल थानेदार साहब तहकीकात करने आये और एक ही रस्सी में सारे गाँव को बाँधकर ले गये।

दैवात् मुकदमा बाबू श्यामाचरण की इजलास में पेश हुआ। उन्हें पहले से सारा कच्चा–चिट्ठा विदित था और ये थानेदार साहब बहुत दिनों से उनकी आँखों पर चढ़े हुए थे। उन्होंने ऐसी बाल की खाल निकाली कि थानेदार साहब की पोल खुल गयी। छः मास तक अभियोग चला और धूम से चला। सरकारी वकीलों ने बड़े–बड़े उपाय किये परन्तु घर के भेदी से क्या छिप सकता था? फल यह हुआ कि डिप्टी साहब ने सब अभियुक्तों को बेदाग छोड़ दिया और उसी दिन सायंकाल को थानेदार साहब मुअत्तल कर दिये गये।

जब डिप्टी साहब फैसला सुनाकर लौटे, एक हितचिन्तक कर्मचारी ने कहा–हुजूर, थानेदार साहब से सावधान रहियेगा। आज बहुत झल्लाया हुआ था। पहले भी दो–तीन अफसरों को धोखा दे चुका है। आप पर अवश्य वार करेगा। डिप्टी साहब ने सुना और मुस्कराकर उस मनुष्य को धन्यवाद दिया; परन्तु अपनी रक्षा के लिए कोई विशेष यत्न न किया। उन्हें इसमें अपनी भीरुता जान पड़ती थी। राधा अहीर बड़ा अनुरोध करता रहा कि मैं आपके संग रहूँगा, काशी भर भी बहुत पीछे पड़ा रहा; परन्तु उन्होंने किसी को संग न रखा। पहिले ही की तरह अपना काम करते रहे।

जालिम खाँ बात का धनी था, वह जीवन से हाथ धोकर बाबू श्यामाचरण के पीछे पड़ गया। एक दिन वे सैर करके शिवपुर से कुछ रात गये लौट रहे थे पागलखाने के निकट कुछ फिटिन का घोड़ा बिदका, गाड़ी

रुक गयी और पलभर में जालिम खाँ ने एक वृक्ष की आड़ से पिस्तौल चलायी। पड़ाके का शब्द हुआ और बाबू श्यामाचरण के वक्षस्थल से गोली पार हो गयी। पागलखाने के सिपाही दौड़े। जालिम खाँ पकड़ लिया गया, साइस ने उसे भागने न दिया था।

इन दुर्घटनाओं ने प्रेमवती स्वभाव और व्यवहार में अकस्मात बड़ा भारी परिवर्तन कर दिया। बात–बात पर विरजन से चिढ़ जाती और कटूक्तियों से उसे जलाती। उसे यह भ्रम हो गया कि ये सब आपत्तियाँ इसी बहू की लायी हुई हैं। यही अभागिन जब से घर आयी, घर का सत्यानाश हो गया। इसका पौरा बहुत निकृष्ट है। कई बार उसने खुलकर विरजन से कह भी दिया कि–तुम्हारे चिकने रुप ने मुझे ठग लिया। मैं क्या जानती थी कि तुम्हारे चरण ऐसे अशुभ हैं ! विरजन ये बातें सुनती और कलेजा थामकर रह जाती। जब दिन ही बुरे आ गये, तो भली बातें क्योंकर सुनने में आयें। यह आठों पहर का ताप उसे दु:ख के आँसू भी न बहाने देता। आँसू तब निकलते है। जब कोई हितैषी हो और दुख को सुने। ताने और व्यंग्य की अग्नि से आँसू जल जाते हैं।

एक दिन विरजन का चित्त बैठे–बैठे घर में ऐसा घबराया कि वह तनिक देर के लिए वाटिका में चली आयी। आह ! इस वाटिका में कैसे–कैसे आनन्द के दिन बीते थे ! इसका एक–एक पौधा मरने वाले के असीम प्रेम का स्मारक था। कभी वे दिन भी थे कि इन फूलों और पत्तियों को देखकर चित्त प्रफ़ुल्लित होता था और सुरभित वायु चित्त को प्रमोदित कर देती थी। यही वह स्थल है, जहाँ अनेक सन्ध्याएँ प्रेमालाप में व्यतीत हुई थीं। उस समय पुष्पों की कलियाँ अपने कोमल अधरों से उसका स्वागत करती थीं। पर शोक! आज उनके मस्तक झुके हुए और अधर बन्द थे। क्या यह वही स्थान न था जहाँ 'अलबेली मालिन' फूलों के हार गूंथती थी? पर भोली मालिन को क्या मालूम था कि इसी स्थान पर उसे अपने नेतरे से निकले हुए मोतियों के हार गूंथने पड़ेंगे। इन्हीं विचारों में विरजन की दृष्टि उस कुंज की ओर उठ गयी जहाँ से एक बार कमलाचरण मुस्कराता हुआ निकला था, मानो वह पत्तियों का हिलना और उसके वस्तरें की झलक देख रही है। उससे मुख पर उस समय

मन्द–मन्द मुस्कान–सी प्रकट होती थी, जैसे गंगा में डूबते सूर्य की पीली और मलिन किरणों का प्रतिबिम्ब पड़ता है। अचानक प्रेमवती ने आकर कर्णकटु शब्दों में कहा–अब आपका सैर करने का शौक हुआ है !

विरजन खड़ी हो गई और रोती हुई बोली–माता ! जिसे नारायण ने कुचला, उसे आप क्यों कुचलती हैं !

निदान प्रेमवती का चित्त वहाँ से ऐसा उचाट हुआ कि एक मास के भीतर सब सामान औने–पौने बेचकर मझगाँव चली गयी। वृजरानी को संग न लिया। उसका मुख देखने से उसे घृणा हो गयी थी। विरजन इस विस्तृत भवन में अकेली रह गयी। माधवी के अतिरिक्त अब उसका कोई हितैषी न रहा सुवामा को अपनी मुँहबोली बेटी की विपत्तियों का ऐसा ही शोक हुआ, जितना अपनी बेटी का होता। कई दिन तक रोती रही और कई दिन बराबर उसे समझाने के लिए आती रही। जब विरजन अकेली रह गयी तो सुवामा ने चाहा कि यह मेरे यहाँ उठ आये और सुख से रहे। स्वयं कई बार बुलाने गयी, पर विरजन किसी प्रकार जाने को राजी न हुई। वह सोचती थी कि ससुर को संसार से सिधारे भी तीन मास भी नहीं हुए, इतनी जल्दी यह घर सूना हो जायेगा, तो लोग कहेंगे कि उनके मरते ही सास और बहू लड़ मरीं। यहाँ तक कि उसके इस हठ से सुवामा का मन मोटा हो गया।

मझगाँव में प्रेमवती ने एक अंधेर मचा रखी थी। असामियों को कटु वजन कहती। कारिन्दा के सिर पर जूती पटक दी। पटवारी को कोसा। राधा अहीर की गाय बलात् छीन ली। यहाँ कि गाँव वाले घबरा गये ! उन्होंने बाबू राधाचरण से शिकायत की। राधाचरण ने यह समाचार सुना तो विश्वास हो गया कि अवश्य इन दुर्घटनाओं ने अम्माँ की बुद्धि भ्रष्ट कर दी है। इस समय किसी प्रकार इनका मन बहलाना चाहिए। सेवती को लिखा कि तुम माताजी के पास चली जाओ और उनके संग कुछ दिन रहो। सेवती की गोद में उन दिनों एक चाँद–सा बालक खेल रहा था और प्राणनाथ दो मास की छुट्टी लेकर दरभंगा से आये थे। राजा साहब के प्राइवेट सेक्रटेरी हो गये थे। ऐसे अवसर पर सेवती कैसे आ सकती थी? तैयारियाँ करते–करते महीनों गुजर

गये। कभी बच्चा बीमार पड़ गया, कभी सास रुष्ट हो गयी कभी साइत न बनी। निदान छठे महीने उसे अवकाश मिला। वह भी बड़ी विपत्तियों से।

परन्तु प्रेमवती पर उसके आने का कुछ भी प्रभाव न पड़ा। वह उसके गले मिलकर रोयी भी नहीं, उसके बच्चे की ओर आँख उठाकर भी न देखा। उसके हृदय में अब ममता और प्रेम नाम–मात्र को भी न रह गया। जैसे ईख से रस निकाल लेने पर केवल सीठी रह जाती है, उसकी प्रकार जिस मनुष्य के हृदय से प्रेम निकल गया, वह अस्थि–चर्म का एक ढेर रह जाता है। देवी–देवता का नाम मुख पर आते ही उसके तेवर बदल जाते थे। मझगाँव में जन्माष्टमी हुई। लोगों ने ठाकुरजी का व्रत रखा और चन्दे से नाम कराने की तैयारियाँ करने लगे। परन्तु प्रेमवती ने ठीक जन्म के अवसर पर अपने घर की मूर्ति खेत से फिकवा दी। एकादशी ब्रत टूटा, देवताओं की पूजा छूटी। वह प्रेमवती अब प्रेमवती ही न थी।

सेवती ने ज्यों–त्यों करके यहाँ दो महीने काटे। उसका चित्त बहुत घबराता। कोई सखी–सहेली भी न थी, जिसके संग बैठकर दिन काटती। विरजन ने तुलसा को अपनी सखी बना लिया था। परन्तु सेवती का स्वभाव सरल न था। ऐसी स्त्रियों से मेल–जोल करने में वह अपनी मानहानि समझती थी। तुलसा बेचारी कई बार आयी, परन्तु जब देखा कि यह मन खोलकर नहीं मिलती तो आना–जाना छोड़ दिया।

तीन मास व्यतीत हो चुके थे। एक दिन सेवती दिन चढ़े तक सोती रही। प्राणनाथ ने रात को बहुत रुलाया था। जब नींद उचटी तो क्या देखती है कि प्रेमवती उसके बच्चे को गोद में लिये चूम रही है। कभी आखें से लगाती है, कभी छाती से चिपटाती है। सामने अंगीठी पर हलुवा पक रहा है। बच्चा उसकी ओर उंगली से संकेत करके उछलता है कि कटोरे में जा बैठूँ और गरम–गरम हलुवा चखूँ। आज उसका मुखमण्डल कमल की भाँति खिला हुआ है। शायद उसकी तीव्र दृष्टि ने यह जान लिया है कि प्रेमवती के शुष्क हृदय में प्रेम ने आज फिर से निवास किया है। सेवती को विश्वास न हुआ। वह चारपाई पर पुलकित लोचनों से ताक रही थी मानों स्वप्न देख रही थी। इतने में प्रेमवती प्यार से बोली–उठो बेटी ! उठो ! दिन बहुत चढ़ आया है।

सेवती के रोंगटे खड़े हो गये और आँखें भर आयी। आज बहुत दिनों के पश्चात माता के मुख से प्रेममय बचन सुने। झट उठ बैठी और माता के गले लिपट कर रोने लगी। प्रेमवती की आँखों से भी आँसू की झड़ी लग गयी, सूखा वृक्ष हरा हुआ। जब दोनों के आँसू थमे तो प्रेमवती बोली–सित्तो! तुम्हें आज यह बातें अचरज प्रतीत होती हैं; हाँ बेटी, अचरज ही न। मैं कैसे रोऊं, जब आँखों में आँसू ही रहे? प्यार कहाँ से लाऊँ जब कलेजा सूखकर पत्थर हो गया? ये सब दिनों के फेर हैं। आँसू उनके साथ गये और कमला के साथ। आज न जाने ये दो बूंद कहाँ से निकल आये? बेटी! मेरे सब अपराध क्षमा करना।

यह कहते–कहते उसकी आँखें झपकने लगीं। सेवती घबरा गयी। माता को बिस्तर पर लेटा दिया और पंखा झलने लगी। उस दिन से प्रेमवती की यह दशा हो गयी कि जब देखों रो रही है। बच्चे को एक क्षण लिए भी पास से दूर नहीं करती। महरियों से बोलती तो मुख से फूल झड़ते। फिर वही पहिले की सुशील प्रेमवती हो गयी। ऐसा प्रतीत होता था, मानो उसके हृदय पर से एक पर्दा–सा उठ गया है ! जब कड़ाके का जाड़ा पड़ता है, तो प्राय: नदियाँ बर्फ से ढंक जाती है। उसमें बसनेवाले जलचर बर्फ मे पर्दे के पीछे छिप जाते हैं, नौकाएँ फँस जाती है और मंदगति, रजतवर्ण प्राण–संजीवन जल–स्रोत का स्वरुप कुछ भी दिखायी नहीं देता है। यद्यपि बर्फ की चद्दर की ओट में वह मधुर निद्रा में अलसित पड़ा रहता था, तथापि जब गरमी का साम्राज्य होता है, तो बर्फ पिघल जाती है और रजतवर्ण नदी अपनी बर्फ का चद्दर उठा लेती है, फिर मछलियाँ और जलजन्तु आ बहते हैं, नौकाओं के पाल लहराने लगते हैं और तट पर मनुष्यों और पक्षियों का जमघट हो जाता है।

परन्तु प्रेमवती की यह दशा बहुत दिनों तक स्थिर न रही। यह चेतनता मानो मृत्यु का सन्देश थी। इस चित्तोद्विग्नता ने उसे अब तक जीवन–कारावास में रखा था, अन्यथा प्रेमवती जैसी कोमल–हृदय स्त्री विपत्तियों के ऐसे झोंके कदापि न सह सकती।

सेवती ने चारों ओर तार दिलवाये कि आकर माताजी को देख जाओ पर कहीं से कोई न आया। प्राणनाथ को छुट्टी न मिली, विरजन बीमार थी, रहे

राधाचरण। वह नैनीताल वायु–परिवर्तन करने गये हुए थे। प्रेमवती को पुत्र ही को देखने की लालसा थी, पर जब उनका पत्र आ गया कि इस समय मैं नहीं आ सकता, तो उसने एक लम्बी साँस लेकर आँखे मूंद ली, और ऐसी सोयी कि फिर उठना नसीब न हुआ !

20.

मन का प्राबल्य

मानव हृदय एक रहस्यमय वस्तु है। कभी तो वह लाखों की ओर आँख उठाकर नहीं देखता और कभी कौड़ियों पर फिसल पड़ता है। कभी सैकड़ों निर्दोषों की हत्या पर 'आह' तक नहीं करता और कभी एक बच्चे को देखकर रो देता है। प्रतापचन्द्र और कमलाचरण में यद्यपि सहोदर भाइयों का–सा प्रेम था, तथापि कमला की आकस्मिक मृत्यु का जो शोक चाहिये वह न हुआ। सुनकर वह चौंक अवश्य पड़ा और थोड़ी देर के लिए उदास भी हुआ, पर शोक जो किसी सच्चे मित्र की मृत्यु से होता है उसे न हआ। निस्संदेह वह विवाह के पूर्व ही से विरजन को अपनी समझता था तथापि इस विचार में उसे पूर्ण सफलता कभी प्राप्त न हुई। समय–समय पर उसका विचार इस पवित्र स़म्बन्ध की सीमा का उल्लंघन कर जाता था। कमलाचरण से उसे स्वतः कोई प्रेम न था। उसका जो कुछ आदर, मान और प्रेम वह करता था, कुछ तो इस विचार से कि विरजन सुनकर प्रसन्न होगी और इस विचार से कि सुशीला की मृत्यु का प्रायश्चित इसी प्रकार हो सकता है। जब विरजन ससुराल चली आयी, तो अवश्य कुछ दिनों प्रताप ने उसे अपने ध्यान में न आने दिया, परन्तु जब से वह उसकी बीमारी का समाचार पाकर बनारस गया था और उसकी भेंट ने विरजन पर संजीवनी बूटी का काम किया था, उसी दिन से प्रताप को विश्वास हो गया था कि विरजन के हृदय में कमला ने वह स्थान नहीं पाया जो मेरे लिए नियत था।

प्रताप ने विरजन को परम करूणापूर्ण शोक–पत्र लिखा पर पत्र लिखा जाता था और सोचता जाता था कि इसका उस पर क्या प्रभाव होगा? सामान्यतः समवेदना प्रेम को प्रौढ़ करती है। क्या आश्चर्य है जो यह पत्र कुछ काम कर जाय? इसके अतिरिक्त उसकी धार्मिक प्रवृति ने विकृत रुप धारण करके उसके मन में यह मिथ्या विचार उत्पन्न किया कि ईश्वर ने मेरे प्रेम की प्रतिष्ठा की और कमलाचरण को मेरे मार्ग से हटा दिया, मानो यह आकाश से आदेश मिला है कि अब मैं विरजन से अपने प्रेम का पुरस्कार लूँ। प्रताप यह जो जानता था कि विरजन से किसी ऐसी बात की आशा करना, जो सदाचार और सभ्यता से बाल बराबर भी हटी हुई हो, मूर्खता है। परन्तु उसे विश्वास था कि सदाचार और सतीत्व के सीमान्तर्गत यदि मेरी कामनाएँ पूरी हो सकें, तो विरजन अधिक समय तक मेरे साथ निर्दयता नहीं कर सकती।

एक मास तक ये विचार उसे उद्विग्न करते रहे। यहाँ तक कि उसके मन में विरजन से एक बार गुप्त भेंट करने की प्रबल इच्छा भी उत्पन्न हुई। वह यह जानता था कि अभी विरजन के हृदय पर तात्कालिक घाव है और यदि मेरी किसी बात या किसी व्यवहार से मेरे मन की दुश्चेष्टा की गन्ध निकली, तो मैं विरजन की दृष्टि से हमेशा के लिए गिर जाँऊगा। परन्तु जिस प्रकार कोई चोर रुपयों की राशि देखकर धैर्य नहीं रख सकता है, उसकी प्रकार प्रताप अपने मन को न रोक सका। मनुष्य का प्रारब्ध बहुत कुछ अवसर के हाथ में रहता है। अवसर उसे भला नहीं मानता है और बुरा भी। जब तक कमलाचरण जीवित था, प्रताप के मन में कभी इतना सिर उठाने का साहस न हुआ था। उसकी मृत्यु ने मानो उसे यह अवसर दे दिया। यह स्वार्थपता का मद यहाँ तक बढ़ा कि एक दिन उसे ऐसा आभास होने लगा, मानों विरजन मुझे स्मरण कर रही है। अपनी व्यग्रता से वह विरजन का अनुमान करने लगा। बनारस जाने का इरादा पक्का हो गया।

दो बजे थे। रात्रि का समय था। भयावह सन्नाटा छाया हुआ था। निद्रा ने सारे नगर पर एक घटाटोप चादर फैला रखी थी। कभी–कभी वृक्षों की सनसनाहट सुनायी दे जाती थी। धुआं और वृक्षों पर एक काली चद्दर की भाँति लिपटा हुआ था और सड़क पर लालटेने धुएँ की कालिमा में ऐसी दृष्टि गत

होती थीं जैसे बादल में छिपे हुए तारे। प्रतापचन्द्र रेलगाड़ी पर से उतरा। उसका कलेजा बांसों उछल रहा था और हाथ–पाँव काँप रहे थे। वह जीवन में पहला ही अवसर था कि उसे पाप का अनुभव हुआ! शोक है कि हृदय की यह दशा अधिक समय तक स्थिर नहीं रहती। वह दुर्गन्ध–मार्ग को पूरा कर लेती है। जिस मनुष्य ने कभी मदिरा नहीं पी, उसे उसकी दुर्गन्ध से घृणा होती है। जब प्रथम बार पीता है, तो घण्टों उसका मुख कड़वा रहता है और वह आश्चर्य करता है कि क्यों लोग ऐसी विषैली और कड़वी वस्तु पर आसक्त हैं। पर थोड़े ही दिनों में उसकी घृणा दूर हो जाती है और वह भी लाल रस का दास बन जाता है। पाप का स्वाद मदिरा से कहीं अधिक भंयकर होता है।

प्रतापचन्द्र अंधेरे में धीरे–धीरे जा रहा था। उसके पाँव वेग से नहीं उठते थे क्योंकि पाप ने उनमें बेड़ियाँ डाल दी थी। उस आह्लाद का, जो ऐसे अवसर पर गति को तीव्र कर देता है, उसके मुख पर कोई लक्षण न था। वह चलते–चलते रुक जाता और कुछ सोचकर आगे बढ़ता था। प्रेत उसे पास के खड्डे में कैसा लिये जाता है?

प्रताप का सिर धम–धम कर रहा था और भय से उसकी पिंडलियाँ काँप रही थीं। सोचता–विचारता घण्टे भर में मुन्शी श्यामाचरण के विशाल भवन के सामने जा पहुँचा। आज अन्धकार में यह भवन बहुत ही भयावह प्रतीत होता था, मानो पाप का पिशाच सामने खड़ा है। प्रताप दीवार की ओट में खड़ा हो गया, मानो किसी ने उसके पाँव बाँध दिये हैं। आध घण्टे तक वह यही सोचता रहा कि लौट चलूँ या भीतर जाऊँ? यदि किसी ने देख लिया बड़ा ही अनर्थ होगा। विरजन मुझे देखकर मन में क्या सोचेगी? कहीं ऐसा न हो कि मेरा यह व्यवहार मुझे सदा के लिए उसकी दृष्टि से गिरा दे। परन्तु इन सब सन्देहों पर पिशाच का आकर्षण प्रबल हुआ। इन्द्रियों के वश में होकर मनुष्य को भले–बुरे का ध्यान नहीं रह जाता। उसने चित्त को दृढ़ किया। वह इस कायरता पर अपने को धिक्कार देने लगा, तदन्तर घर में पीछे की ओर जाकर वाटिका की चहारदीवारी से फाँद गया। वाटिका से घर जाने के लिए एक छोटा–सा द्वार था। दैवयोग से वह इस समय खुला हुआ था। प्रताप को यह शकुन–सा प्रतीत हुआ। परन्तु वस्तुतः यह अधर्म का द्वार था। भीतर जाते

हुए प्रताप के हाथ थर्राने लगे। हृदय इस वेग से धड़कता था; मानो वह छाती से बाहर निकल पड़ेगा। उसका दम घुट रहा था। धर्म ने अपना सारा बल लगा दिया। पर मन का प्रबल वेग न रुक सका। प्रताप द्वार के भीतर प्रविष्ट हुआ। आंगन में तुलसी के चबूतरे के पास चोरों की भाँति खड़ा सोचने लगा कि विरजन से क्योंकर भेंट होगी? घर के सब किवाड़ बन्द है? क्या विरजन भी यहाँ से चली गयी? अचानक उसे एक बन्द दरवाजे की दरारों से प्रकाश की झलक दिखाई दी। दबे पाँव उसी दरार में आँखें लगाकर भीतर का दृश्य देखने लगा।

विरजन एक सफेद साड़ी पहने, बाल खोले, हाथ में लेखनी लिये भूमि पर बैठी थी और दीवार की ओर देख–देखकर कागज पर लिखती जाती थी, मानो कोई कवि विचार के समुद्र से मोती निकाल रहा है। लेखनी दाँतों तले दबाती, कुछ सोचती और लिखती फिर थोड़ी देर के पश्चात् दीवार की ओर ताकने लगती। प्रताप बहुत देर तक श्वास रोके हुए यह विचित्र दृश्य देखता रहा मन उसे बार बार ठोकर देता, पर यह भ्रम का अन्तिम गढ़ था। इस बार धर्म का पराजित होना मानो हृदय में पिशाच का स्थान पाना था। धर्म ने इस समय प्रताप को उस खड्डे में गिरने से बचा लिया, जहाँ से आमरण उसे निकलने का सौभाग्य न होता। वरन् यह कहना उचित होगा कि पाप के खड्डे से बचाने वाला इस समय धर्म न था, वरन दुष्परिणाम और लज्जा का भय ही था। किसी–किसी समय जब हमारे सद्भाव पराजित हो जाते हैं, तब दुष्परिणाम का भय ही हमें कर्तव्यच्युत होने से बचा लेता है। विरजन के पीले बदन पर एक ऐसा तेज था, जो उसके हृदय की स्वच्छता और विचार की उच्चता का परिचय दे रहा था। उसके मुखमण्डल की उज्ज्वलता और दृष्टि की पवित्रता में वह अग्नि थी; जिसने प्रताप की दुश्चेष्टाओं को क्षणमात्र में भस्म कर दिया ! उसे ज्ञान हो गया और अपने आत्मिक पतन पर ऐसी लज्जा उत्पन्न हुई कि वहीं खड़ा रोने लगा।

इन्द्रियों ने जितने निकृष्ट विकार उसके हृदय में उत्पन्न कर दिये थे, वे सब इस दृश्य ने इस प्रकार लोप कर दिये, जैसे उजाला अंधेरे को दूर कर देता है। इस समय उसे यह इच्छा हई कि विरजन के चरणों पर गिरकर अपने

अपराधों की क्षमा माँगे। जैसे किसी महात्मा संन्यासी के सम्मुख जाकर हमारे चित्त की दशा हो जाती है, उसकी प्रकार प्रताप के हृदय में स्वतः प्रायश्चित के विचार उत्पन्न हुए। पिशाच यहाँ तक लाया, पर आगे न ले जा सका। वह उलटे पाँवों फिरा और ऐसी तीव्रता से वाटिका में आया और चाहरदीवारी से कूदा, मानो उसका कोई पीछा करता है।

अरूणोदय का समय हो गया था, आकाश में तारे झिलमिला रहे थे और चक्की का घुर–घुर शब्द कर्णगोचर हो रहा था। प्रताप पाँव दबाता, मनुष्यों की आँखें बचाता गंगाजी की ओर चला। अचानक उसने सिर पर हाथ रखा तो टोपी का पता न था और जेब, जेब में घड़ी ही दिखाई दी। उसका कलेजा सन्न–से हो गया। मुँह से एक हृदय–वेधक आह निकल पड़ी।

कभी–कभी जीवन में ऐसी घटनाएं हो जाती है, जो क्षणमात्र में मनुष्य का रुप पलट देती हैं। कभी माता–पिता की एक तिरछी चितवन पुत्र को सुयश के उच्च शिखर पर पहुँचा देती है और कभी स्त्री की एक शिक्षा पति के ज्ञान–चक्षुओं को खोल देती है। गर्वशील पुरुष अपने सगों की दृष्टियों में अपमानित होकर संसार का भार बनना नहीं चाहते। मनुष्य जीवन में ऐसे अवसर ईश्वरदत्त होते हैं। प्रतापचन्द्र के जीवन में भी वह शुभ अवसर था, जब वह संकीर्ण गलियों में होता हुआ गंगा किनारे आकर बैठा और शोक तथा लज्जा के अश्रु प्रवाहित करने लगा। मनोविकार की प्रेरणाओं ने उसकी अधोगति में कोई कसर उठा न रखी थी परन्तु उसके लिए यह कठोर कृपालु गुरु की ताड़ना प्रमाणित हुई। क्या यह अनुभवसिद्ध नहीं है कि विष भी समयानुसार अमृत का काम करता है?

जिस प्रकार वायु का झोंका सुलगती हुई अग्नि को दहका देता है, उसी प्रकार बहुधा हृदय में दबे हुए उत्साह को भड़काने के लिए किसी बाह्य उद्योग की आवश्यकता होती है। अपने दुखों का अनुभव और दूसरों की आपत्ति का दृश्य बहुधा वह वैराग्य उत्पन्न करता है जो सत्संग, अध्ययन और मन की प्रवृति से भी संभव नहीं। यद्यपि प्रतापचन्द्र के मन में उत्तम और निस्वार्थ जीवन व्यतीत करने का विचार पूर्व ही से था, तथापि मनोविकार के धक्के ने वह काम एक ही क्षण में पूरा कर दिया, जिसके पूरा होने में वर्ष लगते।

साधारण दशाओं में जाति–सेवा उसके जीवन का एक गौण कार्य होता, परन्तु इस चेतावनी ने सेवा को उसके जीवन का प्रधान उद्देश्य बना दिया। सुवामा की हार्दिक अभिलाषा पूर्ण होने के सामान पैदा हो गये। क्या इन घटनाओं के अन्तर्गत कोई अज्ञात प्रेरक शक्ति थी? कौन कह सकता है?

21.
विदुषी वृजरानी

जब से मुंशी संजीवनलाल तीर्थ यात्रा को निकले और प्रतापचन्द्र प्रयाग चला गया उस समय से सुवामा के जीवन में बड़ा अन्तर हो गया था। वह ठेके के कार्य को उन्नत करने लगी। मुंशी संजीवनलाल के समय में भी व्यापार में इतनी उन्नति नहीं हुई थी। सुवामा रात–रात भर बैठी ईंट–पत्थरों से माथा लड़ाया करती और गारे–चूने की चिंता में व्याकुल रहती। पाई–पाई का हिसाब समझती और कभी–कभी स्वयं कुलियों के कार्य की देखभाल करती। इन कार्यों में उसकी ऐसी प्रवृति हई कि दान और व्रत से भी वह पहले का–सा प्रेम न रहा प्रतिदिन आय वृद्धि होने पर भी सुवामा ने व्यय किसी प्रकार का न बढ़ाया। कौड़ी–कौड़ी दाँतो से पकड़ती और यह सब इसलिए कि प्रतापचन्द्र धनवान हो जाए और अपने जीवन–पर्यन्त सान्नंद रहे।

सुवामा को अपने होनहार पुत्र पर अभिमान था। उसके जीवन की गति देखकर उसे विश्वास हो गया था कि मन में जो अभिलाषा रखकर मैंने पुत्र माँगा था, वह अवश्य पूर्ण होगी। वह कालेज के प्रिंसिपल और प्रोफेसरों से प्रताप का समाचार गुप्त रीति से लिया करती थी और उनकी सूचनाओं का अध्ययन उसके लिए एक रसेचक कहानी के तुल्य था। ऐसी दशा में प्रयाग से प्रतापचन्द्र के लोप हो जाने का तार पहुँचा! मानों उसके हुदय पर वज्र का गिरना था। सुवामा एक ठण्डी साँसे ले, मस्तक पर हाथ रख बैठ गयी। तीसरे दिन प्रतापचन्द्र की पुस्तके, कपड़े और सामग्रियाँ भी आ पहुँची, यह घाव पर नमक का छिड़काव था।

प्रेमवती के मरने का समाचार पाते ही प्राणनाथ पटना से और राधाचरण नैनीताल से चले। उसके जीते–जी आते तो भेंट हो जाती, मरने पर आये तो उसके शव को भी देखने को सौभाग्य न हुआ। मृतक–संस्कार बड़ी धूम से किया गया। दो सप्ताह गाँव में बड़ी धूम–धाम रही। तत्पश्चात् मुरादाबाद चले गये और प्राणनाथ ने पटना जाने की तैयारी प्रारम्भ कर दी। उनकी इच्छा थी कि स्त्री को प्रयाग पहुँचाते हुए पटना जायँ। पर सेवती ने हठ किया कि जब यहाँ तक आये हैं, तो विरजन के पास भी अवश्य चलना चाहिए नहीं तो उसे बड़ा दु:ख होगा। समझेगी कि मुझे असहाय जानकर इन लोगों ने भी त्याग दिया।

सेवती का इस उचाट भवन में आना मानो पुष्पों में सुगन्ध में आना था। सप्ताह भर के लिए सुदिन का शुभागमन हो गया। विरजन बहुत प्रसन्न हुई और खूब रोयी। माधवी ने मुन्नू को अंक में लेकर बहुत प्यार किया।

प्रेमवती के चले जाने पर विरजन उस गृह में अकेली रह गई थी। केवल माधवी उसके पास थी। हृदय–ताप और मानसिक दु:ख ने उसका वह गुण प्रकट कर दिया, जो अब तक गुप्त था। वह काव्य और पदय–रचना का अभ्यास करने लगी। कविता सच्ची भावनाओं का चित्र है और सच्ची भावनाएँ चाहे वे दु:ख की हों या सुख की, उसी समय सम्पन्न होती हैं जब हम दु:ख या सुख का अनुभव करते हैं। विरजन इन दिनों रात–रात बैठी भाषा में अपने मनोभावों के मोतियों की माला गूंथा करती। उसका एक–एक शब्द करुणा और वैराग्य से परिपूर्ण होता था अन्य कवियों के मनों में मित्रों की वहा–वाह और काव्य–प्रेमियों के साधुवाद से उत्साह पैदा होता है, पर विरजन अपनी दु:ख कथा अपने ही मन को सुनाती थी।

सेवती को आये दो–तीन दिन बीते थे। एक दिन विरजन से कहा–मैं तुम्हें बहुधा किसी ध्यान में मग्न देखती हूँ और कुछ लिखते भी पाती हूँ। मुझे न बताओगी? विरजन लज्जित हो गयी। बहाना करने लगी कि कुछ नहीं, यों ही जी कुछ उदास रहता है। सेवती ने कहा–मैं न मानूंगी। फिर वह विरजन का बाक्स उठा लायी, जिसमें कविता के दिव्य मोती रखे हुए थे। विवश होकर विरजन ने अपने नये पद्य सुनाने शुरु किये। मुख से प्रथम पद्य का निकलना

था कि सेवती के रोएँ खड़े हो गये और जब तक सारा पद्य समाप्त न हुआ, वह तन्मय होकर सुनती रही। प्राणनाथ की संगति ने उसे काव्य का रसिक बना दिया था। बार–बार उसके नेत्र भर आते। जब विरजन चुप हो गयी तो एक समाँ बँधा हुआ था मानों कोई मनोहर राग अभी थम गया है। सेवती ने विरजन को कण्ठ से लिपटा लिया, फिर उसे छोड़कर दौड़ी हुई प्राणनाथ के पास गयी, जैसे कोई नया बच्चा नया खिलौना पाकर हर्ष से दौड़ता हुआ अपने साथियों को दिखाने जाता है। प्राणनाथ अपने अफसर को प्रार्थना–पत्र लिख रहे थे कि मेरी माता अति पीड़िता हो गयी है, अतएव सेवा में प्रस्तुत होने में विलम्ब हुआ। आशा करता हूँ कि एक सप्ताह का आकस्मिक अवकाश प्रदान किया जायगा। सेवती को देखकर चट आपना प्रार्थना–पत्र छिपा लिया और मुस्कराये। मनुष्य कैसा धूर्त है! वह अपने आपको भी धोखा देने से नहीं चूकता।

सेवती–तनिक भीतर चलो, तुम्हें विरजन की कविता सुनवाऊं, फड़क उठोगे।

प्राणनाथ–अच्छा, अब उन्हें कविता की चाट हुई है? उनकी भाभी तो गाया करती थी–तुम तो श्याम बड़े बेखबर हो।

सेवती–तनिक चलकर सुनो, तो पीछे हँसना। मुझे तो उसकी कविता पर आश्चर्य हो रहा है।

प्राणनाथ–चलो, एक पत्र लिखकर अभी आता है।

सेवती–अब यही मुझे अच्छा नहीं लगता। मैं आपके पत्र नोच डालूँगी।

सेवती प्राणनाथ को घसीट ले आयी। वे अभी तक यही जानते थे कि विरजन ने कोई सामान्य भजन बनाया होगा। उसी को सुनाने के लिए व्याकुल हो रही होगी। पर जब भीतर आकर बैठे और विरजन ने लजाते हुए अपनी भावपूर्ण कविता 'प्रेम की मतवाली' पढ़नी आरम्भ की तो महाशय के नेत्र खुल गये। पद क्या था, हृदय के दुख की एक धारा और प्रेम –रहस्य की एक कथा थी। वह सुनते थे और मुग्ध होकर झूमते थे। शब्दों की एक–एक योजना पर, भावों के एक–एक उद्‌गार पर लहालोट हुए जाते थे। उन्होंने

बहुतेरे कवियों के काव्य देखे थे, पर यह उच्च विचार, यह नूतनता, यह भावोत्कर्ष कहीं दीख न पड़ा था। वह समय चित्रित हो रहा था जब अरुणोदय के पूर्व मलयानिल लहराता हुआ चलता है, कलियां विकसित होती हैं, फूल महकते हैं और आकाश पर हल्की लालिमा छा जाती है। एक–एक शब्द में नवविकसित पुष्पों की शोभा और हिमकिरणों की शीतलता विद्यमान थी। उस पर विरजन का सुरीलापन और ध्वनि की मधुरता सोने में सुगन्ध थी। ये छन्द थे, जिन पर विरजन ने हृदय को दीपक की भाँति जलाया था। प्राणनाथ प्रहसन के उद्देश्य से आये थे। पर जब वे उठे तो वस्तुतः ऐसा प्रतीत होता था, मानो छाती से हृदय निकल गया है। एक दिन उन्होंने विरजन से कहा–यदि तुम्हारी कविताएँ छपें, तो उनका बहुत आदर हो।

विरजन ने सिर नीचा करके कहा–मुझे विश्वास नहीं कि कोई इनको पसन्द करेगा।

प्राणनाथ–ऐसा संभव ही नहीं। यदि हृदयों में कुछ भी रसिकता है तो तुम्हारे काव्य की अवश्य प्रतिष्ठा होगी। यदि ऐसे लोग विद्यमान हैं, जो पुष्पों की सुगन्ध से आनन्दित हो जाते हैं, जो पक्षियों के कलरव और चाँदनी की मनोहारिणी छटा का आनन्द उठा सकते हैं, तो वे तुम्हारी कविता को अवश्य हृदय में स्थान देंगे। विरजन के हृदय में वह गुदगुदी उत्पन्न हुई जो प्रत्येक कवि को अपने काव्यचिन्तन की प्रशंसा मिलने पर, कविता के मुद्रित होने के विचार से होती है। यद्यपि वह नहीं–नहीं करती रही, पर वह, 'नहीं', 'हाँ' के समान थी। प्रयाग से उन दिनों 'कमला' नाम की अच्छी पत्रिका निकलती थी। प्राणनाथ ने 'प्रेम की मतवाली' को वहाँ भेज दिया। सम्पादक एक काव्य–रसिक महानुभाव थे, कविता पर हार्दिक धन्यवाद दिया और जब यह कविता प्रकाशित हुई, तो साहित्य–संसार में धूम मच गयी। कदाचित ही किसी कवि को प्रथम ही बार ऐसी ख्याति मिली हो। लोग पढ़ते और विस्मय से एक–दूसरे का मुँह ताकते थे। काव्य–प्रेमियों मे कई सप्ताह तक मतवाली बाला के चर्चे रहे। किसी को विश्वास ही न आता था कि यह एक नवजात कवि की रचना है। अब प्रति मास 'कमला' के पृष्ठ विरजन की कविता से सुशोभित होने लगे और 'भारत महिला' को लोकमत ने कवियों के सम्मानित

पद पर पहुँचा दिया। 'भारत महिला' का नाम बच्चे–बच्चे की जिह्वा पर चढ़ गया। इस समाचार–पत्र या पत्रिका 'भारत महिला' को ढूंढ़ने लगते। हाँ, उसकी दिव्य शक्तियाँ अब किसी को विस्मय में न डालतीं उसने स्वयं कविता का आदर्श उच्च कर दिया था।

तीन वर्ष तक किसी को कुछ भी पता न लगा कि 'भारत महिला' कौन है। निदान प्राणनाथ से न रहा गया। उन्हें विरजन पर भक्ति हो गयी थी। वे कई मास से उसका जीवन–चरित्र लिखने की धुन में थे। सेवती के द्वारा धीरे–धीरे उन्होंने उसका सब जीवन चरित्र ज्ञात कर दिया और 'भारत महिला' के शीर्षक से एक प्रभाव–पूरित लेख लिखा। प्राणनाथ ने पहिले लेख न लिखा था, परन्तु श्रद्धा ने अभ्यास की कमी पूरी कर दी थी। लेख अत्यन्त रोचक, समालोचनात्मक और भावपूर्ण था।

इस लेख का मुदित होना था कि विरजन को चारों तरफ से प्रतिष्ठा के उपहार मिलने लगे। राधाचरण मुरादाबाद से उसकी भेंट को आये। कमला, उमादेवी, चन्द्रकुवंर और सखियाँ जिन्होंने उसे विस्मरण कर दिया था प्रतिदिन विरजन के दर्शनों को आने लगीं। बड़े–बड़े गणमान्य सज्जन जो ममता के अभिमान से हाकिमों के सम्मुख सिर न झुकाते, विरजन के द्वार पर दर्शन को आते थे। चन्द्रा स्वयं तो न आ सकी, परन्तु पत्र में लिखा–जी चाहता है कि तुम्हारे चरणों पर सिर रखकर घंटों रोऊँ।

22.
माधवी

कभी–कभी वन के फूलों में वह सुगन्धित और रंग–रुप मिल जाता है जो सजी हुई वाटिकाओं को कभी प्राप्त नहीं हो सकता। माधवी थी तो एक मूर्ख और दरिद्र मनुष्य की लड़की, परन्तु विधाता ने उसे नारियों के सभी उत्तम गुणों से सुशोभित कर दिया था। उसमें शिक्षा सुधार को ग्रहण करने की विशेष योग्यता थी। माधवी और विरजन का मिलाप उस समय हुआ जब विरजन ससुराल आयी। इस भोली–भाली कन्या ने उसी समय से विरजन के संग असाधारण प्रीति प्रकट करनी आरम्भ की। ज्ञात नहीं, वह उसे देवी समझती थी या क्या? परन्तु कभी उसने विरजन के विरुद्ध एक शब्द भी मुख से न निकाला। विरजन भी उसे अपने संग सुलाती और अच्छे–अच्छे रेशमी वस्त्र पहिनाती। इससे अधिक प्रीति वह अपनी छोटी भगिनी से भी नहीं कर सकती थी। चित्त का चित्त से सम्बन्ध होता है। यदि प्रताप को वृजरानी से हार्दिक सम्बन्ध था तो वृजरानी भी प्रताप के प्रेम में पगी हुई थी। जब कमलाचरण से उसके विवाह की बात पक्की हुई जो वह प्रतापचन्द्र से कम दुखी न हुई। हाँ लज्जावश उसके हृदय के भाव कभी प्रकट न होते थे। विवाह हो जाने के पश्चात उसे नित्य चिन्ता रहती थी कि प्रतापचन्द्र के पीड़ित हृदय को कैसे तसल्ली दूं? मेरा जीवन तो इस भाँति आनन्द से बीतता है। बेचारे प्रताप के ऊपर न जाने कैसी बीतती होगी। माधवी उन दिनों ग्यारहवें वर्ष में थी। उसके रंग–रुप की सुन्दरता, स्वभाव और गुण देख–देखकर आश्चर्य

होता था। विरजन को अचानक यह ध्यान आया कि क्या मेरी माधवी इस योग्य नहीं कि प्रताप उसे अपने कण्ठ का हार बनाये? उस दिन से वह माधवी के सुधार और प्यार में और भी अधिक प्रवृत हो गयी थी वह सोच–सोचकर मन–ही–मन फूली न समाती कि जब माधवी सोलह–सत्रह वर्ष की हो जायेगी, तब मैं प्रताप के पास जाऊँगी और उससे हाथ जोड़कर कहूँगी कि माधवी मेरी बहिन है। उसे आज से तुम अपनी चेरी समझो क्या प्रताप मेरी बात टाल देगें? नहीं–वे ऐसा नहीं कर सकते। आनन्द तो तब है जब कि चाची स्वयं माधवी को अपनी बहू बनाने की मुझसे इच्छा करें। इसी विचार से विरजन ने प्रतापचन्द्र के प्रशंसनीय गुणों का चित्र माधवी के हृदय में खींचना आरम्भ कर दिया था, जिससे कि उसका रोम–रोम प्रताप के प्रेम में पग जाय। वह जब प्रतापचन्द्र का वर्णन करने लगती तो स्वतः उसके शब्द असामान्य रीति से मधुर और सरस हो जाते। शनैः–शनैः माधवी का कोमल हृदय प्रेम–रस का आस्वादन करने लगा। दर्पण में बाल पड़ गया।

भोली माधवी सोचने लगी, मैं कैसी भाग्यवती हूँ। मुझे ऐसे स्वामी मिलेंगे, जिनके चरण धोने के योग्य भी मैं नहीं हूँ, परन्तु क्या वे मुझे अपनी चेरी बनायेंगे? कुछ तो, मैं अवश्य उनकी दासी बनूंगी और यदि प्रेम में कुछ आकर्षण है, तो मैं उन्हें अवश्य अपना बना लूँगी। परन्तु उस बेचारी को क्या मालूम था कि ये आशाएं शोक बनकर नेत्रों के मार्ग से बह जायेगी? उसको पन्द्रहवां पूरा भी न हुआ था कि विरजन पर गृह–विनाश की आपत्तियाँ आ पड़ीं। उस आंधी के झोंके ने माधवी की इस कल्पित पुष्प वाटिका का सत्यानाश कर दिया। इसी बीच में प्रताप चन्द्र के लोप होने का समाचार मिला। आंधी ने जो कुछ अवशिष्ठ रखा था वह भी इस अग्नि ने जलाकर भस्म कर दिया।

परन्तु मानस कोई वस्तु है, तो माधवी प्रतापचन्द्र की स्त्री बन चुकी थी। उसने अपना तन और मन उन्हें समर्पण कर दिया। प्रताप को ज्ञान नहीं। परन्तु उन्हें ऐसी अमूल्य वस्तु मिली, जिसके बराबर संसार में कोई वस्तु नहीं तुल सकती। माधवी ने केवल एक बार प्रताप को देखा था और केवल एक ही बार उनके अमृत–वचन सुने थे। पर इसने उस चित्र को और भी उज्जवल कर

दिया था, जो उसके हृदय पर पहले ही विरजन ने खींच रखा था। प्रताप को पता नहीं था, पर माधवी उसकी प्रेमाग्नि में दिन–प्रतिदिन घुलती जाती है। उस दिन से कोई ऐसा व्रत नहीं था, जो माधवी न रखती हो, कोई ऐसा देवता नहीं था, जिसकी वह पूजा न करती हो और वह सब इसलिए कि ईश्वर प्रताप को जहाँ कहीं वे हों कुशल से रखें। इन प्रेम–कल्पनाओं ने उस बालिका को और अधिक दृढ सुशील और कोमल बना दिया। शायद उसके चित ने यह निर्णय कर लिया था कि मेरा विवाह प्रतापचन्द्र से हो चुका। विरजन उसकी यह दशा देखती और रोती कि यह आग मेरी ही लगाई हुई है। यह नवकुसुम किसके कण्ठ का हार बनेगा? यह किसकी होकर रहेगी? हाय रे जिस चीज को मैंने इतने परिश्रम से अंकुरित किया और मधुक्षीर से सींचा, उसका फूल इस प्रकार शाखा पर ही कुम्हलाया जाता है। विरजन तो भला कविता करने में उलझी रहती, किन्तु माधवी को यह सन्तोष भी न था उसके प्रेमी और साथी उसके प्रियतम का ध्यान मात्र था–उस प्रियतम का जो उसके लिए सर्वथा अपरिचित था पर प्रताप के चले जाने के कई मास पीछे एक दिन माधवी ने स्वप्न देखा कि वे सन्यासी हो गये हैं। आज माधवी का अपार प्रेम प्रकट हुआ है। आकाशवाणी सी हो गयी कि प्रताप ने अवश्य संन्यास ले लिया। आज से वह भी तपस्विनी बन गयी उसने सुख और विलास की लालसा हृदय से निकाल दी।

जब कभी बैठे–बैठे माधवी का जी बहुत आकुल होता तो वह प्रतापचन्द्र के घर चली जाती। वहाँ उसके चित को थोड़ी देर के लिए शांति मिल जाती थी। परन्तु जब अन्त में विरजन के पवित्र और आदर्श जीवन ने यह गांठ खोल दी, वे गंगा यमुना की भाँति परस्पर गले मिल गयीं, तो माधवी का आवागमन भी बढ़ गया। सुवामा के पास दिन–दिन भर बैठी रह जाती, इस भवन की, एक–एक अंगुल पृथ्वी प्रताप का स्मारक थी। इसी आँगन में प्रताप ने काठ के घोडे दौड़ाये और इसी कुण्ड में कागज की नावें चलायी थीं। नौकरी तो स्यात काल के भंवर में पड़कर डूब गयीं, परन्तु घोड़ा अब भी विद्धमान था। माधवी ने उसकी जीरत असिथ्यों में प्राण डाल दिया और उसे वाटिका में कुण्ड के किनारे एक पाटलवृक्ष की छायों में बांध दिया।

यही भवन प्रतापचन्द्र का शयनागार था। माधवी अब उसे अपने देवता का मन्दिर समझती है। इस पलंग ने प्रताप को बहुत दिनों तक अपने अंक में थपक–थपककर सुलाया था। माधवी अब उसे पुष्पों से सुसज्जित करती है। माधवी ने इस कमरे को ऐसा सुसज्जित कर दिया, जैसे वह कभी न था। चित्रों के मुख पर से धूल की यवनिका उठ गयी। लैम्प का भाग्य पुनः चमक उठा। माधवी की इस अनन्त प्रेम–भक्ति से सुवामा का दुःख भी दूर हो गया। चिरकाल से उसके मुख पर प्रतापचन्द्र का नाम अभी न आया था। विरजन से मेल–मिलाप हो गया, परन्तु दोनों स्त्रियों में कभी प्रतापचन्द्र की चर्चा भी न होती थी। विरजन लज्जा की संकुचित थी और सुवामा क्रोध से। किन्तु माधवी के प्रेमानल से पत्थर भी पिघल गया। अब वह प्रेमविह्वल होकर प्रताप के बालपन की बातें पूछने लगती तो सुवामा से न रहा जाता। उसकी आँखों में जल भर आता। तब दोनों रोती और दिन–दिन भर प्रताप की बातें समाप्त न होती। क्या अब माधवी के चित्त की दशा सुवामा से छिप सकती थी? वह बहुधा सोचती कि क्या तपस्विनी इसी प्रकार प्रेमाग्नि में जलती रहेगी और वह भी बिना किसी आशा के? एक दिन वृजरानी ने 'कमला' का पैकेट खोला, तो पहले ही पृष्ठ पर एक परम प्रतिभा–पूर्ण चित्र विविध रंगों में दिखायी पड़ा। यह किसी महात्मा का चित्र था। उसे ध्यान आया कि मैंने इन महात्मा को कहीं अवश्य देखा है। सोचते–सोचते अकस्मात उसका ध्यान प्रतापचन्द्र तक जा पहुँचा। आनन्द के उमंग में उछल पड़ी और बोली–माधवी, तनिक यहाँ आना।

माधवी फूलों की क्यारियां सींच रही थी। उसके चित्त–विनोद का आजकल वही कार्य था। वह साड़ी पानी में लथपथ, सिर के बाल बिखरें, माथे पर पसीने के बिन्दु और नेत्रों में प्रेम का रस भरे हुए आकर खड़ी हो गयी। विरजन ने कहा–आ तुझे एक चित्र दिखाऊं।

माधवी ने कहा–किसका चित्र है, देखूं।

माधवी ने चित्र को ध्यानपूर्वक देखा। उसकी आँखों में आँसू आ गये।

विरजन–पहचान गयी?

माधवी–क्यों? यह स्वरुप तो कई बार स्वप्न में देख चुकी हूँ? बदन से कांति बरस रही है।

विरजन–देखो वृतान्त भी लिखा है।

माधवी ने दूसरा पन्ना उल्टा तो 'स्वामी बालाजी' शीर्षक लेख मिला थोडी देर तक दोनों तन्मय होकर यह लेख पढ़ती रहीं, तब बातचीत होने लगी।

विरजन–मैं तो प्रथम ही जान गयी थी कि उन्होंने अवश्य सन्यास ले लिया होगा।

माधवी पृथ्वी की ओर देख रही थी, मुख से कुछ न बोली।

विरजन –तब में और अब में कितना अन्तर है। मुखमण्डल से कांति झलक रही है। तब ऐसे सुन्दर न थे।

माधवी–हूँ।

विरजन–ईश्वर उनकी सहायता करे। बड़ी तपस्या की है। (नेत्रो में जल भरकर) कैसा संयोग है। हम और वे संग–संग खेले, संग–संग रहे, आज वे सन्यासी हैं और मैं वियोगिनी। न जाने उन्हें हम लोगों की कुछ सुध भी है या नहीं। जिसने सन्यास ले लिया, उसे किसी से क्या मतलब? जब चाची के पास पत्र न लिखा तो भला हमारी सुधि क्या होगी? माधवी बालकपन में वे कभी योगी–योगी खेलते तो मैं मिठाइयों की भिक्षा दिया करती थी।

माधवी ने रोते हुए 'न जाने कब दर्शन होंगें' कहकर लज्जा से सिर झुका लिया।

विरजन–शीघ्र ही आयेंगें। प्राणनाथ ने यह लेख बहुत सुन्दर लिखा है।

माधवी–एक–एक शब्द से भक्ति टपकती है।

विरजन–वक्तृतता की कैसी प्रशंसा की है! उनकी वाणी में तो पहले ही जादू था, अब क्या पूछना! प्राणनाथ के चित पर जिसकी वाणी का ऐसा प्रभाव हुआ, वह समस्त पृथ्वी पर अपना जादू फैला सकता है।

माधवी–चलो चाची के यहाँ चलें।

विरजन–हाँ उनको तो ध्यान ही नहीं रहा देखें, क्या कहती हैं। प्रसन्न तो क्या होगी।

माधवी–उनकी तो अभिलाषा ही यह थी, प्रसन्न क्यों न होंगी?

विरजन—चल? माता ऐसा समाचार सुनकर कभी प्रसन्न नहीं हो सकती। दोंनो स्त्रियां घर से बाहर निकलीं। विरजन का मुखकमल मुरझाया हुआ था, पर माधवी का अंग—अंग हर्ष खिला जाता था। कोई उससे पूछे —तेरे चरण अब पृथ्वी पर क्यों नहीं पड़ते? तेरे पीले बदन पर क्यों प्रसन्नता की लाली झलक रही है? तुझे कौन—सी सम्पत्ति मिल गयी? तू अब शोकान्वित और उदास क्यों न दिखायी पड़ती? तुझे अपने प्रियतम से मिलने की अब कोई आशा नहीं, तुझ पर प्रेम की दृष्टि कभी नहीं पहुँची फिर तू क्यों फूली नहीं समाती? इसका उत्तर माधवी देगी? कुछ नहीं। वह सिर झुका लेगी, उसकी आँखें नीचे झुक जायेंगी, जैसे डलियां फूलों के भार से झुक जाती है। कदाचित् उनसे कुछ अश्रुबिन्दु भी टपक पड़ें; किन्तु उसकी जिह्वा से एक शब्द भी न निकलेगा।

माधवी प्रेम के मद से मतवाली है। उसका हृदय प्रेम से उन्मत्त है। उसका प्रेम, हाट का सौदा नहीं। उसका प्रेम किसी वस्तु का भूखा नहीं है। वह प्रेम के बदले प्रेम नहीं चाहती। उसे अभिमान है कि ऐसे पवित्रता पुरुष की मूर्ति मेरे हृदय में प्रकाशमान है। यह अभिमान उसकी उन्मत्ता का कारण है, उसके प्रेम का पुरस्कार है।

दूसरे मास में वृजरानी ने, बालाजी के स्वागत में एक प्रभावशाली कविता लिखी यह एक विलक्षण रचना थी। जब वह मुद्रित हुई तो विद्या जगत् विरजन की काव्य—प्रतिभा से परिचित होते हुए भी चमत्कृत हो गया। वह कल्पना—रुपी पक्षी, जो काव्य—गगन में वायुमण्डल से भी आगे निकल जाता था, अबकी तारा बनकर चमका। एक—एक शब्द आकाशवाणी की ज्योति से प्रकाशित था जिन लोगों ने यह कविता पढ़ी वे बालाजी के भक्त हो गये। कवि वह संपेरा है जिसकी पिटारी में साँपों के स्थान में हृदय बन्द होते हैं।

23.
काशी में आगमन

जब से वृजरानी का काव्य–चन्द्र उदय हुआ, तभी से उसके यहाँ सदैव महिलाओं का जमघट लगा रहता था। नगर में स्त्रियों की कई सभाएं थी उनके प्रबंध का सारा भार उसी को उठाना पड़ता था। उसके अतिरिक्त अन्य नगरों से भी बहुधा स्त्रियां उससे भेंट करने को आती रहती थीं जो तीर्थयात्रा करने के लिए काशी आता, वह विरजन से अवश्य मिलता। राजा धर्मसिंह ने उसकी कविताओं का सर्वांग–सुन्दर संग्रह प्रकाशित किया था। उस संग्रह ने उसके काव्य–चमत्कार का डंका, बजा दिया था। भारतवर्ष की कौन कहे, यूरोप और अमेरिका के प्रतिष्ठित कवियों ने उसे उनकी काव्य मनोहरता पर धन्यवाद दिया था। भारतवर्ष में एकाध ही कोई रसिक मनुष्य रहा होगा जिसका पुस्तकालय उसकी पुस्तक से सुशोभित न होगा। विरजन की कविताओं की प्रतिष्ठा करने वालों में बालाजी का पद सबसे ऊँचा था। वे अपनी प्रभावशालिनी वक्तृताओं और लेखों में बहुधा उसी के वाक्यों का प्रमाण दिया करते थे। उन्होंने 'सरस्वती' में एक बार उसके संग्रह की सविस्तार समालोचना भी लिखी थी।

एक दिन प्रातः काल ही सीता, चन्द्रकुंवरी ,रुकमणी और रानी विरजन के घर आयीं। चन्द्रा ने इन स्त्रियों को फर्श पर बिठाया और आदर सत्कार किया। विरजन वहाँ नहीं थी क्योंकि उसने प्रभात का समय काव्य चिन्तन के लिए नियत कर लिया था। उस समय यह किसी आवश्यक कार्य के अतिरिक्त

सखियों से मिलती–जुलती नहीं थी। वाटिका में एक रमणीक कुंज था। गुलाब की सुगन्धि से सुरभित वायु चलती थी। वहीं विरजन एक शिलायन पर बैठी हुई काव्य–रचना किया करती थी। वह काव्य रुपी समुद्र से जिन मोतियों को निकालती, उन्हें माधवी लेखनी की माला में पिरो लिया करती थी। आज बहुत दिनों के बाद नगरवासियों के अनुरोध करने पर विरजन ने बालाजी को काशी आने का निमंत्रण देने के लिए लेखनी को उठाया था। बनारस ही वह नगर था, जिसका स्मरण कभी–कभी बालाजी को व्यग्र कर दिया करता था। किन्तु काशी वालों के निरंतर आग्रह करने पर भी उन्हें काशी आने का अवकाश न मिलता था। वे सिंहल और रंगून तक गये, परन्तु उन्होंने काशी की ओर मुख न फेरा, इस नगर को वे अपना परीक्षा भवन समझते थे। इसलिए आज विरजन उन्हें काशी आने का निमंत्रण दे रही हैं। लोगों का विचार आ जाता है, तो विरजन का चन्द्रानन चमक उठता है, परन्तु इस समय जो विकास और छटा इन दोनों पुष्पों पर है, उसे देख–देखकर दूर से फूल लज्जित हुए जाते हैं।

नौ बजते –बजते विरजन घर में आयी। सेवती ने कहा–आज बड़ी देर लगायी।

विरजन–कुन्ती ने सूर्य को बुलाने के लिए कितनी तपस्या की थी।

सीता–बाला जी बड़े निष्ठुर हैं। मैं तो ऐसे मनुष्य से कभी न बोलूं।

रुकमिणी–जिसने संन्यास ले लिया, उसे घर–बार से क्या नाता?

चन्द्रकुँवरि–यहाँ आयेगें तो मैं मुख पर कह दूँगी कि महाशय, यह नखरे कहाँ सीखे?

रुकमणी–महारानी। ऋषि–महात्माओं का तो शिष्टाचार किया करो जिह्वा क्या है कतरनी है।

चन्द्रकुँवरि–और क्या, कब तक सन्तोष करें जी। सब जगह जाते हैं, यहीं आते पैर थकते हैं।

विरजन–(मुस्कराकर) अब बहुत शीघ्र दर्शन पाओगे। मुझे विश्वास है कि इस मास में वे अवश्य आयेगे।

सीता–धन्य भाग्य कि दर्शन मिलेंगे। मैं तो जब उनका वृतांत पढ़ती हूँ यही जी चाहता हैं कि पाऊं तो चरण पकड़कर घण्टों रोऊँ।

रुकमणी–ईश्वर ने उनके हाथों में बड़ा यश दिया। दारानगर की रानी साहिबा मर चुकी थी साँस टूट रही थी कि बालाजी को सूचना हुई। झट आ पहुँचे और क्षण–मात्र में उठाकर बैठा दिया। हमारे मुंशीजी (पति) उन दिनों वहीं थे। कहते थे कि रानीजी ने कोश की कुंजी बालाजी के चरणों पर रख दी और कहा–आप इसके स्वामी हैं। बालाजी ने कहा–मुझे धन की आवश्यकता नहीं अपने राज्य में तीन सौ गौशालाएं खुलवा दीजिये। मुख से निकलने की देर थी। आज दारानगर में दूध की नदी बहती हैं। ऐसा महात्मा कौन होगा।

चन्द्रकुवंरि–राजा नवलखा का तपेदिक उन्ही की बूटियों से छूटा। सारे वैद्य डॉक्टर जवाब दे चुके थे। जब बालाजी चलने लगे, तो महारानी जी ने नौ लाख का मोतियों का हार उनके चरणों पर रख दिया। बालाजी ने उसकी ओर देखा तक नहीं।

रानी–कैसे रुखे मनुष्य हैं।

रुकमणी–हाँ, और क्या, उन्हें उचित था कि हार ले लेते–नहीं नहीं कण्ठ में डाल लेते।

विरजन–नहीं, लेकर रानी को पहिना देते। क्यों सखी?

रानी–हाँ मैं उस हार के लिए गुलामी लिख देती।

चन्द्रकुंवरि–हमारे यहाँ (पति) तो भारत–सभा के सदस्य बैठे हैं ढाई सौ रुपये लाख यत्न करके रख छोड़े थे, उन्हें यह कहकर उठा ले गये कि घोड़ा लेंगें। क्या भारत–सभावाले बिना घोड़े के नहीं चलते?

रानी–कल ये लोग श्रेणी बांधकर मेरे घर के सामने से जा रहे थे,बड़े भले मालूम होते थे।

इतने ही में सेवती नवीन समाचार–पत्र ले आयी।

विरजन ने पूछा–कोई ताजा समाचार है?

सेवती–हाँ, बालाजी मानिकपुर आये हैं। एक अहीर ने अपने पुत्र के विवाह का निमंत्रण भेजा था। उस पर प्रयाग से भारतसभा के सदस्यों हित रात को चलकर मानिकपुर पहुँचे। अहीरों ने बड़े उत्साह और समारोह के साथ उनका स्वागत किया है और सबने मिलकर पाँच सौ गाएं भेंट दी हैं बालाजी

ने वधू को आशीर्वाद दिया और दुल्हे को हृदय से लगाया। पाँच अहीर भारत सभा के सदस्य नियत हुए।

विरजन–बड़े अच्छे समाचार हैं। माधवी, इसे काट के रख लेना। और कुछ?

सेवती–पटना के पासियों ने एक ठाकुरद्वारा बनवाया है वहाँ की भारतसभा ने बड़ी धूमधाम से उत्सव किया।

विरजन–पटना के लोग बड़े उत्साह से कार्य कर रहें हैं।

चन्द्रकुँवरि–गडूरियां भी अब सिन्दूर लगायेंगी। पासी लोग ठाकुर द्वारे बनवायेंगे।

रुकमणी–क्यों, वे मनुष्य नहीं हैं? ईश्वर ने उन्हें नहीं बनाया। आप ही अपने स्वामी की पूजा करना जानती हैं?

चन्द्रकुँवरि–चलो, हटो, मुझें पासियों से मिलाती हो। यह मुझे अच्छा नहीं लगता।

रुकमिणी हाँ, तुम्हारा रंग गोरा है न? और वस्त्र–आभूषणों से सजी बहुत हो। बस इतना ही अन्तर है कि और कुछ?

चन्द्रकुँवरि–इतना ही अन्तर क्यों हैं? पृथ्वी आकाश से मिलाती हो? यह मुझे अच्छा नहीं लगता। मैं कछवाहों वंश में हूँ, कुछ खबर है?

रुक्मिणी–हाँ, जानती हूँ और नहीं जानती थी तो अब जान गयी। तुम्हारे ठाकुर साहब (पति) किसी पासी से बढकर मल्ल –युद्व करेंगें? यह सिर्फ टेढी पाग रखना जानते हैं? मैं जानती हूँ कि कोई छोटा सा पासी भी उन्हें काँख –तले दबा लेगा।

विरजन–अच्छा अब इस विवाद को जाने तो। तुम दोनों जब आती हो, लड़ती ही आती हो।

सेवती–पिता और पुत्र का कैसा संयोग हुआ है? ऐसा मालूम होता है कि मुंशी शलिग्राम ने प्रतापचन्द्र ही के लिए संन्यास लिया था। यह सब उन्हीं की शिक्षा का फल है।

रक्मिणी—हाँ और क्या? मुन्शी शलिग्राम तो अब स्वामी ब्रहमानन्द कहलाते हैं। प्रताप को देखकर पहचान गये होगें।

सेवती—आनन्द से फूले न समाये होगें।

रुक्मिणी—यह भी ईश्वर की प्रेरणा थी, नहीं तो प्रतापचन्द्र मानसरोवर क्या करने जाते?

सेवती—ईश्वर की इच्छा के बिना कोई बात होती है?

विरजन—तुम लोग मेरे लालाजी को तो भूल ही गयीं। ऋषीकेश में पहले लालाजी ही से प्रतापचनद्र की भेंट हुई थी। प्रताप उनके साथ साल—भर तक रहे। तब दोनों आदमी मानसरोवर की ओर चले।

रुक्मिणी—हाँ, प्राणनाथ के लेख में तो यह वृतान्त था। बालाजी तो यही कहते हैं कि मुंशी संजीवनलाल से मिलने का सौभाग्य मुझे प्राप्त न होता तो मैं भी माँगने—खाने वाले साधुओं में ही होता।

चन्द्रकुंवरि—इतनी आत्मोन्नति के लिए विधाता ने पहले ही से सब सामान कर दिये थे।

सेवती—तभी इतनी—सी अवस्था में भारत के सूर्य बने हुए हैं। अभी पचीसवें वर्ष में होगें?

विरजन—नहीं, तीसवां वर्ष है। मुझसे साल भर के जेठे हैं।

रुक्मिणी—मैंने तो उन्हें जब देखा, उदास ही देखा।

चन्द्रकुंवरि—उनके सारे जीवन की अभिलाषाओं पर ओस पड़ गयी। उदास क्यों न होंगे?

रुक्मिणी—उन्होंने तो देवीजी से यही वरदान माँगा था।

चन्द्रकुंवरि—तो क्या जाति की सेवा गृहस्थ बनकर नहीं हो सकती?

रुक्मिणी—जाति ही क्या, कोई भी सेवा गृहस्थ बनकर नहीं हो सकती। गृहस्थ केवल अपने बाल—बच्चों की सेवा कर सकता है।

चन्द्रकुंवरि—करनेवाले सब कुछ कर सकते हैं, न करनेवालों के लिए सौ बहाने। एक मास और बीता। विरजन की नई कविता स्वागत का सन्देशा लेकर

बालाजी के पास पहुची परन्तु यह न प्रकट हुआ कि उन्होंने निमंत्रण स्वीकार किया या नहीं। काशीवासी प्रतीक्षा करते–करते थक गये। बालाजी प्रतिदिन दक्षिण की ओर बढ़ते चले जाते थे। निदान लोग निराश हो गये और सबसे अधिक निराशा विरजन को हुई।

एक दिन जब किसी को ध्यान भी न था कि बालाजी आयेंगे, प्राणनाथ ने आकर कहा–बहिन। लो प्रसन्न हो जाओ, आज बालाजी आ रहे हैं।

विरजन कुछ लिख रही थी, हाथों से लेखनी छूट पड़ी। माधवी उठकर द्वार की ओर लपकी।

प्राणनाथ ने हँसकर कहा–क्या अभी आ थोड़े ही गये हैं कि इतनी उद्विग्न हुई जाती हो।

माधवी कब आएँगें इधर से ही होकर जायँगें न?

प्राणनाथ–यह तो नहीं ज्ञात है कि किधर से आयेंगें–उन्हें आडम्बर और धूमधाम से बडी घृणा है। इसलिए पहले से आने की तिथि नहीं नियत की। राजा साहब के पास आज प्रातःकाल एक मनुष्य ने आकर सूचना दी कि बालाजी आ रहे हैं और कहा है कि मेरी अगवानी के लिए धूमधाम न हो, किन्तु यहाँ के लोग कब मानते हैं? अगवानी होगी, समारोह के साथ सवारी निकलेगी, और ऐसी कि इस नगर के इतिहास में स्मरणीय हो। चारों ओर आदमी छूटे हुए हैं। ज्योंही उन्हें आते देखेंगे, लोग प्रत्येक मुहल्ले में टेलीफोन द्वारा सूचना दे देंगे। कालेज और स्कूलों के विद्यार्थी वर्दियां पहने और झण्डियां लिये इन्तजार में खड़े हैं घर–घर पुष्प वर्षा की तैयारियां हो रही हैं बाजार में दुकानें सजायी जा रही हैं। नगर में एक धूम सी मची हुई है।

माधवी–इधर से जायेगें तो हम रोक लेंगी।

प्राणनाथ–हमने कोई तैयारी तो की नहीं, रोक क्या लैंगे? और यह भी तो नहीं ज्ञात है कि किधर से जायेंगे।

विरजन–(सोचकर) आरती उतारने का प्रबन्ध तो करना ही होगा।

प्राणनाथ–हाँ अब इतना भी न होगा? मैं बाहर बिछावन आदि बिछवाता हूँ।

प्राणनाथ बाहर की तैयारियों में लगे, माधवी फल चुनने लगी, विरजन ने चांदी का थाल भी धोकर स्वच्छ किया। सेवती और चन्द्रा भीतर सारी वस्तुएं क्रमानुसार सजाने लगीं।

माधवी हर्ष के मारे फूली न समाती थी। बारम्बार चौक–चौंककर द्वार की ओर देखती कि कहीं आ तो नहीं गये। बारम्बार कान लगाकर सुनती कि कहीं बाजे की ध्वनि तो नहीं आ रही है। हृदय हर्ष के मारे धड़क रहा था। फूल चुनती थी, किन्तु ध्यान दूसरी ओर था। हाथों में कितने ही कांटे चुभा लिए। फूलों के साथ कई शाखाएँ मरोड़ डालीं। कई बार शाखाओं में उलझकर गिरी। कई बार साड़ी कांटों में फंसा दी उस समय उसकी दशा बिलकुल बच्चों की–सी थी।

किन्तु विरजन का बदन बहुत सी मलिन था। जैसे जलपूर्ण पात्र तनिक हिलने से भी छलक जाता है, उसी प्रकार ज्यों–ज्यों प्राचीन घटनाएँ स्मरण आती थीं, त्यों–त्यों उसके नेत्रों से अश्रु छलक पड़ते थे। आह! कभी वे दिन थे कि हम और वह भाई–बहिन थे। साथ खेलते, साथ रहते थे। आज चौदह वर्ष व्यतीत हुए, उनका मुख देखने का सौभाग्य भी न हुआ। तब मैं तनिक भी रोती वह मेरे आँसू पोछते और मेरा जी बहलाते। अब उन्हें क्या सुधि कि ये आँखे कितनी रोयी हैं और इस हृदय ने कैसे–कैसे कष्ट उठाये हैं। क्या खबर थी कि हमारे भाग्य ऐसे दृश्य दिखायेंगे? एक वियोगिन हो जायेगी और दूसरा सन्यासी।

अकस्मात् माधवी को ध्यान आया कि सुवामा को कदाचित बालाजी के आने की सूचना न हुई हो। वह विरजन के पास आके बोली–मैं तनिक चची के यहाँ जाती हूँ। न जाने किसी ने उनसे कहा या नहीं?

प्राणनाथ बाहर से आ रहे थे, यह सुनकर बोले–वहाँ सबसे पहले सूचना दी गयीं। भली–भाँति तैयारियाँ हो रही है। बालाजी भी सीधे घर ही की ओर पधारेंगे। इधर से अब न आयेंगे।

विरजन–तो हम लोगों को चलना चाहिए। कहीं देर न हो जाए। माधवी–आरती का थाल लाऊँ?

विरजन—कौन ले चलेगा? महरी को बुला लो (चौंककर) अरे! तेरे हाथों में रुधिर कहाँ से आया?

माधवी—ऊँह! फूल चुनती थी, काँटे लग गये होंगे।

चन्द्रा—अभी नयी साड़ी आयी है। आज ही फाड़ के रख दी।

माधवी—तुम्हारी बला से!

माधवी ने कह तो दिया, किन्तु आँखें अश्रुपूर्ण हो गयीं। चन्द्रा साधारणतः बहुत भली स्त्री थी। किन्तु जब से बाबू राधाचरण ने जाति—सेवा के लिए नौकरी से इस्तीफा दे दिया था वह बालाजी के नाम से चिढ़ती थी। विरजन से तो कुछ न कह सकती थी, परन्तु माधवी को छेड़ती रहती थी। विरजन ने चन्द्रा की ओर घूरकर माधवी से कहा—जाओ, सन्दूक से दूसरी साड़ी निकाल लो। इसे रख आओ। राम—राम, मार हाथ छलनी कर डाले!

माधवी—देर हो जायेगी, मैं इसी भाँति चलूँगी।

विरजन—नही, अभी घण्टा भर से अधिक अवकाश है।

यह कहकर विरजन ने प्यार से माधवी के हाथ धोये। उसके बाल गूंथे, एक सुन्दर साड़ी पहिनायी, चादर ओढ़ायी और उसे हृदय से लगाकर सजल नेत्रों से देखते हुए कहा—बहिन! देखो, धीरज हाथ से न जाय।

माधवी मुस्कराकर बोली—तुम मेरे ही संग रहना, मुझे संभालती रहना। मुझे अपने हृदय पर भरोसा नहीं है।

विरजन ताड़ गई कि आज प्रेम ने उन्मत्ततास का पद ग्रहण किया है और कदाचित् यही उसकी पराकाष्ठा है। हाँ ! यह बावली बालू की भीत उठा रही है।

माधवी थोड़ी देर के बाद विरजन, सेवती, चन्द्रा आदि कई स्त्रियों के संग सुवामा के घर चली। वे वहाँ की तैयारियाँ देखकर चकित हो गयीं। द्वार पर एक बहुत बड़ा चँदोवा बिछावन, शीशे और भाँति—भाँति की सामग्रियों से सुसज्जित खड़ा था। बधाई बज रही थी! बड़े—बड़े टोकरों में मिठाइयाँ और मेवे रखे हुए थे। नगर के प्रतिष्ठित सभ्य उत्तमोत्तम वस्त्र पहिने हुए स्वागत करने को खड़े थे। एक भी फिटन या गाड़ी नहीं दिखायी देती थी, क्योंकि

बालाजी सर्वदा पैदल चला करते थे। बहुत से लोग गले में झोलियाँ डाले हुए दिखाई देते थे, जिनमें बालाजी पर समर्पण करने के लिये रुपये–पैसे भरे हुए थे। राजा धर्मसिंह के पाँचों लड़के रंगीन वस्त्र पहिने, केसरिया पगड़ी बांधे, रेशमी झण्डियां कमर में खोसें बिगुल बजा रहे थे। ज्योंहि लोगों की दृष्टि विरजन पर पड़ी, सहस्रों मस्तक शिष्टाचार के लिए झुक गये। जब ये देवियां भीतर गयी तो वहाँ भी आंगन और दालान नवागत वधू की भाँति सुसज्जित दिखे! सैकड़ो स्त्रीयां मंगल गाने के लिए बैठी थीं। पुष्पों की राशियाँ ठौर–ठौर पड़ी थी। सुवामा एक श्वेत साड़ी पहिने सन्तोष और शान्ति की मूर्ति बनी हुई द्वार पर खड़ी थी। विरजन और माधवी को देखते ही सजल नयन हो गयी। विरजन बोली–चची! आज इस घर के भाग्य जग गये।

सुवामा ने रोकर कहा–तुम्हारे कारण मुझे आज यह दिन देखने का सौभाग्य हुआ। ईश्वर तुम्हें इसका फल दे।

दुखिया माता के अन्तःकरण से यह आशीर्वाद निकला। एक माता के शाप ने राजा दशरथ को पुत्रशोक में मृत्यु का स्वाद चखाया था। क्या सुवामा का यह आशीर्वाद प्रभावहीन होगा?

दोनों अभी इसी प्रकार बातें कर रही थीं कि घण्टे और शंख की ध्वनि आने लगी। धूम मची की बालाजी आ पहुँचे। स्त्रियों ने मंगलगान आरम्भ किया। माधवी ने आरती का थाल ले लिया, मार्ग की ओर टकटकी बांधकर देखने लगी। कुछ ही काल में अद्वैताम्बरधारी नवयुवकों का समुदाय दखाई पड़ा। भारत सभा के सौ सभ्य घोड़ों पर सवार चले आते थे। उनके पीछे अगणित मनुष्यों का झुण्ड था। सारा नगर टूट पड़ा। कन्धे से कन्धा छिला जाता था मानो समुद्र की तरंगें बढ़ती चली आती हैं। इस भीड़ में बालाजी का मुखचन्द्र ऐसा दिखायी पड़ता था। मानो मेघाच्छदित चन्द्र उदय हुआ है। ललाट पर अरुण चन्दन का तिलक था और कण्ठ में एक गेरुए रंग की चादर पड़ी हुई थी।

सुवामा द्वार पर खड़ी थी, ज्योंही बालाजी का स्वरुप उसे दिखायी दिया धीरज हाथ से जाता रहा द्वार से बाहर निकल आयी और सिर झुकाये, नेत्रों से मुक्तहार गूंथती बालाजी के ओर चली। आज उसने अपना खोया हुआ लाल पाया है। वह उसे हृदय से लगाने के लिए उद्विग्न है।

सुवामा को इस प्रकार आते देखकर सब लोग रुक गये। विदित होता था कि आकाश से कोई देवी उतर आयी है। चतुर्दिक सन्नाटा छा गया। बालाजी ने कई डग आगे बढ़कर माताजी को प्रमाण किया और उनके चरणों पर गिर पड़े। सुवामा ने उनका मस्तक अपने अंक में लिया। आज उसने अपना खोया हुआ लाल पाया है। उस पर आँखों से मोतियों की वृष्टि कर रही है।

इस उत्साहवर्द्धक दृश्य को देखकर लोगों के हृदय जातीयता के मद में मतवाले हो गये! पचास सहस्र स्वर से ध्वनि आयी–बालाजी की जय। मेघ गर्जा और चतुर्दिक से पुष्पवृष्टि होने लगी। फिर उसी प्रकार दूसरी बार मेघ की गर्जना हुई। 'मुंशी शालिग्राम की जय' और सहस्रों मनुष्य स्वदेश–प्रेम के मद से मतवाले होकर दौड़े और सुवामा के चरणों की रज माथे पर मलने लगे। इन ध्वनियों से सुवामा ऐसी प्रमुदित हो रही थी जैसे महुअर के सुनने से नागिन मतवाली हो जाती है। आज उसने अपना खोया हुआ लाल पाया है। अमूल्य रत्न पाने से वह रानी हो गयी है। इस रत्न के कारण आज उसके चरणों की रज लोगों के नेत्रों का अंजन और माथे का चन्दन बन रही है।

अपूर्व दृश्य था। बारम्बार जय–जयकार की ध्वनि उठती थी और स्वर्ग के निवासियों को भारत की जागृति का शुभ–संवाद सुनाती थी। माता अपने पुत्र को कलेजे से लगाये हुए है। बहुत दिन के अनन्तर उसने अपना खोया हुआ लाल है, वह लाल जो उसकी जन्म–भर की कमाई था। फूल चारों और से निछावर हो रहे हैं। स्वर्ण और रत्नों की वर्षा हो रही है। माता और पुत्र कमर तक पुष्पों के समुद्र में डूबे हुए हैं। ऐसा प्रभावशाली दृश्य किसके नेत्रों ने देखा होगा।

सुवामा बालाजी का हाथ पकड़े हुए घर की ओर चली। द्वार पर पहुँचते ही स्त्रियां मंगल–गीत गाने लगीं और माधवी स्वर्ण रचित थाल दीप और पुष्पों से आरती करने लगी। विरजन ने फूलों की माला–जिसे माधवी ने अपने रक्त से रंजित किया था–उनके गले में डाल दी। बालाजी ने सजल नेत्रों से विरजन की ओर देखकर प्रणाम किया।

माधवी को बालाजी के दर्शन की कितनी अभिलाषा थी। किन्तु इस समय उसके नेत्र पृथ्वी की ओर झुके हुए हैं। वह बालाजी की ओर नहीं देख

सकती। उसे भय है कि मेरे नेत्र हृदय के भेद को खोल देंगे। उनमे प्रेम रस भरा हुआ है।

अब तक उसकी सबसे बड़ी अभिलाषा यह थी कि बालाजी का दर्शन पाऊँ। आज प्रथम बार माधवी के हृदय में नयी अभिलाषाएँ उत्पन्न हुई, आज अभिलाषाओं ने सिर उठाया है, मगर पूर्ण होने के लिए नहीं, आज अभिलाषा–वाटिका में एक नवीन कली लगी है, मगर खिलने के लिए नहीं, वरन मुरझाने के लिये मिट्टी में मिल जाने के लिए। माधवी को कौन समझाये कि तू इन अभिलाषाओं को हृदय में उत्पन्न होने दे। ये अभिलाषाएँ तुझे बहुत रुलायेंगी। तेरा प्रेम काल्पनिक है। तू उसके स्वाद से परिचित है। क्या अब वास्तविक प्रेम का स्वाद लिया चाहती है?

24.

प्रेम का स्वप्न

मनुष्य का हृदय अभिलाषाओं का क्रीड़ास्थल और कामनाओं का आवास है। कोई समय वह जब कि माधवी माता के अंक में खेलती थी। उस समय हृदय अभिलाषा और चेष्टाहीन था। किन्तु जब मिट्टी के घरौंदे बनाने लगी उस समय मन में यह इच्छा उत्पन्न हुई कि मैं भी अपनी गुड़िया का विवाह करूँगी। सब लड़कियां अपनी गुड़ियां ब्याह रही हैं, क्या मेरी गुड़ियाँ कुँवारी रहेंगी? मैं अपनी गुड़िया के लिए गहने बनवाऊँगी, उसे वस्त्र पहनाऊँगी, उसका विवाह रचाऊँगी। इस इच्छा ने उसे कई मास तक रुलाया। पर गुड़ियों के भाग्य में विवाह न बदा था। एक दिन मेघ घिर आये और मूसलाधार पानी बरसा। घरौंदा वृष्टि में बह गया और गुड़ियों के विवाह की अभिलाषा अपूर्ण ही रह गयी। कुछ काल और बीता। वह माता के संग विरजन के यहाँ आने–जाने लगी। उसकी मीठी–मीठी बातें सुनती और प्रसन्न होती, उसके थाल में खाती और उसकी गोद में सोती। उस समय भी उसके हृदय में यह इच्छा थी कि मेरा भवन परम सुन्दर होता, उसमें चांदी के किवाड़ लगे होते, भूमि ऐसी स्वच्छ होती कि मक्खी बैठे और फिसल जाए ! मैं विरजन को अपने घर ले जाती, वहाँ अच्छे–अच्छे पकवान बनाती और खिलाती, उत्तम पलंग पर सुलाती और भली–भाँति उसकी सेवा करती। यह इच्छा वर्षों तक हृदय में चुटकियाँ लेती रही। किन्तु उसी घरौंदे की भाँति यह घर भी ढह गया और आशाएँ निराशा में परिवर्तित हो गयी।

कुछ काल और बीता, जीवन–काल का उदय हुआ। विरजन ने उसके चित्त पर प्रतापचन्द्र का चित्त खींचना आरम्भ किया। उन दिनों इस चर्चा के अतिरिक्त उसे कोई बात अच्छी न लगती थी। निदान उसके हृदय में प्रतापचन्द्र की चेरी बनने की इच्छा उत्पन्न हुई। पड़े–पड़े हृदय से बातें किया करती। रात्रि में जागरण करके मन का मोदक खाती। इन विचारों से चित्त पर एक उन्माद–सा छा जाता, किन्तु प्रतापचन्द्र इसी बीच में गुप्त हो गये और उसी मिट्टी के घरौंदे की भाँति ये हवाई किले ढह गये। आशा के स्थान पर हृदय में शोक रह गया।

अब निराशा ने उसके हृदय में आशा ही शेष न रखी। वह देवताओं की उपासना करने लगी, व्रत रखने लगी कि प्रतापचन्द्र पर समय की कुदृष्टि न पड़ने पाये। इस प्रकार अपने जीवन के कई वर्ष उसने तपस्विनी बनकर व्यतीत किये। कल्पित प्रेम के उल्लास में चूर होती। किन्तु आज तपस्विनी का व्रत टूट गया। मन में नूतन अभिलाषाओं ने सिर उठाया। दस वर्ष की तपस्या एक क्षण में भंग हो गयी। क्या यह इच्छा भी उसी मिट्टी के घरौंदे की भाँति पददलित हो जाएगी?

आज जब से माधवी ने बालाजी की आरती उतारी है,उसके आँसू नहीं रुके। सारा दिन बीत गया। एक–एक करके तारे निकलने लगे। सूर्य थककर छिप गया और पक्षीगण घोसलों में विश्राम करने लगे, किन्तु माधवी के नेत्र नहीं थके। वह सोचती है कि हाय! क्या मैं इसी प्रकार रोने के लिए बनायी गई हूँ? मैं कभी हँसी भी थी जिसके कारण इतना रोती हूँ? हाय! रोते–रोते आधी आयु बीत गयी, क्या शेष भी इसी प्रकार बीतेगी? क्या मेरे जीवन में एक दिन भी ऐसा न आयेगा, जिसे स्मरण करके सन्तोष हो कि मैंने भी कभी सुदिन देखे थे? आज के पहले माधवी कभी ऐसे नैराश्य–पीड़ित और छिन्नहृदया नहीं हुई थी। वह अपने कल्पित प्रेम में निमग्न थी। आज उसके हृदय में नवीन अभिलाषाएँ उत्पन्न हुई हैं। अश्रु उन्हीं के प्रेरित हैं। जो हृदय सोलह वर्ष तक आशाओं का आवास रहा हो, वही इस समय माधवी की भावनाओं का अनुमान कर सकता है।

सुवामा के हृदय मे नवीन इच्छाओं ने सिर उठाया है। जब तक बालाजी को न देखा था, तब तक उसकी सबसे बड़ी अभिलाषा यह थी कि वह उन्हें

आँखें भर कर देखती और हृदय–शीतल कर लेती। आज जब आँखें भर देख लिया तो कुछ और देखने की अच्छा उत्पन्न हुई। शोक! वह इच्छा उत्पन्न हुई माधवी के घरौंदे की भाँति मिट्टी में मिल जाने के लिए।

आज सुवामा, विरजन और बालाजी में सांयकाल तक बातें होती रहीं। बालाजी ने अपने अनुभवों का वर्णन किया। सुवामा ने अपनी राम कहानी सुनायी और विरजन ने कहा थोड़ा, किन्तु सुना बहुत। मुंशी संजीवनलाल के सन्यास का समाचार पाकर दोनों रोयीं। जब दीपक जलने का समय आ पहुँचा, तो बालाजी गंगा की ओर संध्या करने चले और सुवामा भोजन बनाने बैठी। आज बहुत दिनों के पश्चात सुवामा मन लगाकर भोजन बना रही थी। दोनों बात करने लगीं।

सुवामा–बेटी! मेरी यह हार्दिक अभिलाषा थी कि मेरा लड़का संसार में प्रतिष्ठित हो और ईश्वर ने मेरी लालसा पूरी कर दी। प्रताप ने पिता और कुल का नाम उज्ज्वल कर दिया। आज जब प्रात:काल 'मेरे स्वामीजी की जय' सुनायी जा रही थी तो मेरा हृदय उमड़–उमड़ आया था। मैं केवल इतना चाहती हूँ कि वे यह वैराग्य त्याग दें। देश का उपकार करने से मैं उन्हें नहीं रोकती। मैंने तो देवीजी से यही वरदान माँगा था, परन्तु उन्हें संन्यासी के वेश में देखकर मेरा हृदय विदीर्ण हुआ जाता है।

विरजन सुवामा का अभिप्राय समझ गयी। बोली–चाची! यह बात तो मेरे चित्त में पहिले ही से जमी हुई है। अवसर पाते ही अवश्य छेडूंगी।

सुवामा–अवसर तो कदाचित ही मिले। इसका कौन ठिकाना? अभी जी में आये, कहीं चल दें। सुनती हूँ सोटा हाथ में लिये अकेले वनों में घूमते हैं। मुझसे अब बेचारी माधवी की दशा नहीं देखी जाती। उसे देखती हूँ तो जैसे कोई मेरे हृदय को मसोसने लगता है। मैंने बहुतेरी स्त्रियां देखीं और अनेक का वृत्तान्त पुस्तकों में पढ़ा; किन्तु ऐसा प्रेम कहीं नहीं देखा। बेचारी ने आधी आयु रो–रोकर काट दी और कभी मुख न मैला किया। मैंने कभी उसे रोते नहीं देखा; परन्तु रोने वाले नेत्र और हँसने वाले मुख छिपे नहीं रहते। मुझे ऐसी ही पुत्रवधू की लालसा थी, सो भी ईश्वर ने पूर्ण कर दी। तुमसे सत्य कहती हूँ, मैं उसे पुत्रवधू समझती हूँ। आज से नहीं, वर्षों से।

वृजरानी–आज उसे सारे दिन रोते ही बीता। बहुत उदास दिखायी देती है।

सुवामा–तो आज ही इसकी चर्चा छेड़ो। ऐसा न हो कि कल किसी और जगत प्रस्थान कर दे, तो फिर एक युग प्रतीक्षा करनी पड़े।

वृजरानी–(सोचकर) चर्चा करने को तो मैं करूँ, किन्तु माधवी स्वयं जिस उत्तमता के साथ यह कार्य कर सकती है, कोई दूसरा नहीं कर सकता।

सुवामा–वह बेचारी मुख से क्या कहेगी?

वृजरानी–उसके नेत्र सारी कथा कह देंगे?

सुवामा–लल्लू अपने मन में क्या कहेंगे?

वृजरानी–कहेंगे क्या? यह तुम्हारा भ्रम है जो तुम उसे कुँवारी समझ रही हो। वह प्रतापचन्द्र की पत्नी बन चुकी। ईश्वर के यहाँ उसका विवाह उनसे हो चुका यदि ऐसा न होता तो क्या जगत् में पुरुष न थे? माधवी जैसी स्त्री को कौन नेत्रों में न स्थान देगा? उसने अपना आधा यौवन व्यर्थ रो–रोकर बिताया है। उसने आज तक ध्यान में भी किसी अन्य पुरुष को स्थान नहीं दिया। बारह वर्ष से तपस्विनी का जीवन व्यतीत कर रही है। वह पलंग पर नहीं सोयी। कोई रंगीन वस्त्र नहीं पहना। केश तक नहीं गुँथाये। क्या इन व्यवहारों से नहीं सिद्ध होता कि माधवी का विवाह हो चुका? हृदय का मिलाप सच्चा विवाह है। सिन्दूर का टीका, ग्रन्थि–बन्धन और भाँवर–ये सब संसार के ढकोसले हैं।

सुवामा–अच्छा, जैसा उचित समझो करो। मैं केवल जग–हँसाई से डरती हूँ।

रात को नौ बजे थे। आकाश पर तारे छिटके हुए थे। माधवी वाटिका में अकेली बैठी हुई तारों को देखती थी और मन में सोचती थी कि ये देखने में कैसे चमकीले हैं। किन्तु अति दूर हैं। क्या कोई वहाँ तक पहुँच सकता है? क्या मेरी आशाएँ भी उन्ही नक्षत्रों की भाँति है? इतने में विरजन ने उसका हाथ पकड़कर हिलाया। माधवी चौंक पड़ी।

विरजन–अँधेरे में बैठी क्या कर रही है?

माधवी—कुछ नहीं, तारों को देख रही हूँ। वे कैसे सुहावने लगते हैं, किन्तु मिल नहीं सकते।

विरजन के कलेजे मे बर्छी—सी लग गयी। धीरज धरकर बोली—यह तारे गिनने का समय नहीं है। जिस अतिथि के लिए आज भोर से ही फूली नहीं समाती थी, क्या इसी प्रकार उसकी अतिथि—सेवा करेगी?

माधवी—मैं ऐसे अतिथि की सेवा के योग्य कब हूँ?

विरजन—अच्छा, यहाँ से उठो तो मैं अतिथि—सेवा की रीति बताऊँ।

दोनों भीतर आयीं। सुवामा भोजन बना चुकी थी। बालाजी को माता के हाथ की रसोई बहुत दिनों में प्राप्त हुई। उन्होंने बड़े प्रेम से भोजन किया। सुवामा खिलाती जाती थी और रोती जाती थी। बालाजी खा पीकर लेटे, तो विरजन ने माधवी से कहा—अब यहाँ कोने में मुख बाँधकर क्यों बैठी हो?

माधवी—कुछ दो तो खाके सो रहूँ, अब यही जी चाहता है।

विरजन—माधवी! ऐसी निराश न हो। क्या इतने दिनों का व्रत एक दिन में भंग कर देगी?

माधवी उठी, परन्तु उसका मन बैठा जाता था। जैसे मेघों की काली—काली घटाएँ उठती हैं और ऐसा प्रतीत होता है कि अब जल—थल एक हो जाएगा, परन्तु अचानक पछवा वायु चलने के कारण सारी घटा काई की भाँति फट जाती है, उसी प्रकार इस समय माधवी की गति हो रही है।

वह शुभ दिन देखने की लालसा उसके मन में बहुत दिनों से थी। कभी वह दिन भी आयेगा जब कि मैं उनके दर्शन पाऊँगी? और उनकी अमृत—वाणी से श्रवण तृप्त करूँगी। इस दिन के लिए उसने दुआ कैसी मानी थी? इस दिन के ध्यान से ही उसका हृदय कैसा खिल उठता था!

आज भोर ही से माधवी बहुत प्रसन्न थी। उसने बड़े उत्साह से फूलों का हार गूंथा था। सैकड़ों काँटे हाथ में चुभा लिये। उन्मत्त की भाँति गिर—गिर पड़ती थी। यह सब हर्ष और उमंग इसीलिए तो था कि आज वह शुभ दिन आ गया। आज वह दिन आ गया जिसकी ओर चिरकाल से आँखे लगी हुई थीं। वह समय भी अब स्मरण नहीं, जब यह अभिलाषा मन में न रही हो।

परन्तु इस समय माधवी के हृदय की वह गति नहीं है। आनन्द की भी सीमा होती है। कदाचित् वह माधवी के आनन्द की सीमा थी, जब वह वाटिका में झूम–झूमकर फूलों से आँचल भर रही थी। जिसने कभी सुख का स्वाद ही न चखा हो, उसके लिए इतना ही आनन्द बहुत है। वह बेचारी इससे अधिक आनन्द का भार नहीं सँभाल सकती। जिन अधरों पर कभी हँसी आती ही नहीं, उनकी मुस्कान ही हँसी है। तुम ऐसों से अधिक हँसी की आशा क्यों करते हो? माधवी बालाजी की ओर चली परन्तु इस प्रकार नहीं जैसे एक नवेली बहू आशाओं से भरी हुई श्रृंगार किये अपने पति के पास जाती है। वही घर था जिसे वह अपने देवता का मन्दिर समझती थी। जब वह मन्दिर शून्य था, तब वह आ–आकर आँसुओं के पुष्प चढ़ाती थी। आज जब देवता ने वास किया है, तो वह क्यों इस प्रकार मचल–मचल कर आ रही है?

रात्रि भली–भाँति आद्र हो चुकी थी। सड़क पर घंटों के शब्द सुनायी दे रहे थे। माधवी दबे पाँव बालाजी के कमरे के द्वार तक गयी। उसका हृदय धड़क रहा था। भीतर जाने का साहस न हुआ, मानो किसी ने पैर पकड़ लिए। उल्टे पाँव फिर आयी और पृथ्वी पर बैठकर रोने लगी। उसके चित्त ने कहा–माधवी! यह बड़ी लज्जा की बात है। बालाजी की चेरी सही, माना कि तुझे उनसे प्रेम है; किन्तु तू उनकी स्त्री नहीं है। तुझे इस समय उनके गृह में रहना उचित नहीं है। तेरा प्रेम तुझे उनकी पत्नी नहीं बना सकता। प्रेम और वस्तु है और सोहाग और वस्तु है। प्रेम चित्त की प्रवृत्ति है और ब्याह एक पवित्र धर्म है। तब माधवी को एक विवाह का स्मरण हो आया। वर ने भरी सभा में पत्नी की बाँह पकड़ी थी और कहा था कि इस स्त्री को मैं आगने गृह की स्वामिनी और अपने मन की देवी समझता रहूँगा। इस सभा के लोग, आकाश, अग्नि और देवता इसके साक्षी रहें। हाँ! ये कैसे शुभ शब्द हैं। मुझे कभी ऐसे शब्द सुनने का मौका प्राप्त न हुआ! मैं न अग्नि को अपना साक्षी बना सकती हूँ, न देवताओं को और न आकाश ही को; परन्तु हे अग्नि! हे आकाश के तारो! और हे देवलोक–वासियो! तुम साक्षी रहना कि माधवी ने बालाजी की पवित्र मूर्ति को हृदय में स्थान दिया, किन्तु किसी निकृष्ट विचार को हृदय में न आने दिया। यदि मैंने घर के भीतर पैर रखा हो तो हे अग्नि!

तुम मुझे अभी जलाकर भस्म कर दो। हे आकाश! यदि तुमने अपने अनेक नेत्रों से मुझे गृह में जाते देखा, तो इसी क्षण मेरे ऊपर इन्द्र का वज्र गिरा दो।

माधवी कुछ काल तक इसी विचार में मग्न बैठी रही। अचानक उसके कान में भक्–भक् की ध्वनि आयी। उसने चौंककर देखा तो बालाजी का कमरा अधिक प्रकाशित हो गया था और प्रकाश खिड़कियों से बाहर निकलकर आँगन में फैल रहा था। माधवी के पाँव तले से मिट्टी निकल गयी। ध्यान आया कि मेज पर लैम्प भभक उठा। वायु की भाँति वह बालाजी के कमरे में घुसी। देखा तो लैम्प फटकर पृथ्वी पर गिर पड़ा है और भूतल के बिछावन में तेल फैल जाने के कारण आग लग गयी है। दूसरे किनारे पर बालाजी सुख से सो रहे थे। अभी तक उनकी निद्रा न खुली थी। उन्होंने कालीन समेटकर एक कोने में रख दिया था। विदयुत की भाँति लपककर माधवी ने वह कालीन उठा लिया और भभकती हुई ज्वाला के ऊपर गिरा दिया। धमाके का शब्द हुआ तो बालाजी ने चौंककर आँखें खोलीं। घर में धुंआ भरा था और चतुर्दिक तेल की दुर्गन्ध फैली हुई थी। इसका कारण वह समझ गये। बोले–कुशल हुआ, नहीं तो कमरे में आग लग गयी थी।

माधवी–जी हाँ! यह लैम्प गिर पड़ा था।

बालाजी–तुम बड़े अवसर से आ पहुँची।

माध्वी–मैं यहीं बाहर बैठी हुई थी।

बालाजी–तुमको बड़ा कष्ट हुआ। अब जाकर शयन करो। रात बहुत हो गयी है।

माधवी–चली जाऊँगी। शयन तो नित्य ही करना है। यह अवसर न जाने फिर कब आये?

माधवी की बातों में अपूर्व करुणा भरी थी। बालाजी ने उसकी ओर ध्यान–पूर्वक देखा। जब उन्होंने पहिले माधवी को देखा था,उस समय वह एक खिलती हुई कली थी और आज वह एक मुरझाया हुआ पुष्प है। न मुख पर सौन्दर्य था, न नेत्रों में आनन्द की झलक, न माँग में सोहाग का संचार था, न माथे पर सिंदूर का टीका। शरीर में आभूषणों का चिन्ह भी न था। बालाजी

ने अनुमान से जाना कि विधाता ने ठीक तरुणावस्था में इस दुखिया का सोहाग हरण किया है। परम उदास होकर बोले–क्यों माधवी! तुम्हारा तो विवाह हो गया है न?

माधवी के कलेज मे कटारी चुभ गयी। सजल नेत्र होकर बोली–हाँ, हो गया है।

बालाजी–और तुम्हारे पति?

माधवी–उन्हें मेरी कुछ सुध ही नहीं। उनका विवाह मुझसे नहीं हुआ।

बालाजी विस्मित होकर बोले–तुम्हारा पति करता क्या है?

माधवी–देश की सेवा।

बालाजी की आँखों के सामने से एक पर्दा सा हट गया। वे माधवी का मनोरथ जान गये और बोले–माधवी इस विवाह को कितने दिन हुए?

बालाजी के नेत्र सजल हो गये और मुख पर जातीयता के मद का उन्माद–सा छा गया। भारत माता! आज इस पतितावस्था में भी तुम्हारे अंक में ऐसी–ऐसी देवियाँ खेल रही हैं, जो एक भावना पर अपने यौवन और जीवन की आशाएँ समर्पण कर सकती हैं। बोले–ऐसे पति को तुम त्याग क्यों नहीं देती?

माधवी ने बालाजी की ओर अभिमान से देखा और कहा–स्वामी जी! आप अपने मुख से ऐसे कहें! मैं आर्य–बाला हूँ। मैंने गान्धारी और सावित्री के कुल में जन्म लिया है। जिसे एक बार मन में अपना पति मान चुकी उसे नहीं त्याग सकती। यदि मेरी आयु इसी प्रकार रोते–रोते कट जाय, तो भी अपने पति की ओर से मुझे कुछ भी खेद न होगा। जब तक मेरे शरीर में प्राण रहेंगे मैं ईश्वर से उनका हित चाहती रहूँगी। मेरे लिए यही क्या कम है, जो ऐसे महात्मा के प्रेम ने मेरे हृदय में निवास किया है? मैं इसी को अपना सौभाग्य समझती हूँ। मैंने एक बार अपने स्वामी को दूर से देखा था। वह चित्र एक क्षण के लिए भी आँखों से नही उतरा। जब कभी मैं बीमार हुई हूँ, तो उसी चित्र ने मेरी शुश्रुषा की है। जब कभी मैंने वियोग के आँसू बहाये हैं, तो उसी चित्र ने मुझे सान्त्वना दी है। उस चित्र वाले पति को मैं कैसे त्याग दूं?

मैं उसकी हूँ और सदैव उसी की रहूँगी। मेरा हृदय और मेरे प्राण सब उनकी भेंट हो चुके हैं। यदि वे कहें तो आज मैं अग्नि के अंक में ऐसे हर्षपूर्वक जा बैठूं जैसे फूलों की शैय्या पर। यदि मेरे प्राण उनके किसी काम आयें तो मैं उसे ऐसी प्रसन्नता से दे दूँ जैसे कोई उपासक अपने इष्टदेव को फूल चढ़ाता हो।

माधवी का मुखमण्डल प्रेम–ज्योति से अरुण हो रहा था। बालाजी ने सब कुछ सुना और चुप हो गये। सोचने लगे–यह स्त्री है; जिसने केवल मेरे ध्यान पर अपना जीवन समर्पण कर दिया है। इस विचार से बालाजी के नेत्र अश्रुपूर्ण हो गये। जिस प्रेम ने एक स्त्री का जीवन जलाकर भस्म कर दिया हो, उसके लिए एक मनुष्य के धैर्य को जला डालना कोई बात नहीं! प्रेम के सामने धैर्य कोई वस्तु नहीं है।

वह बोले–माधवी तुम जैसी देवियाँ भारत का गौरव हैं। मैं बड़ा भाग्यवान हूँ कि तुम्हारे प्रेम–जैसी अनमोल वस्तु इस प्रकार मेरे हाथ आ रही है। यदि तुमने मेरे लिए योगिनी बनना स्वीकार किया है तो मैं भी तुम्हारे लिए इस सन्यास और वैराग्य का त्याग कर सकता हूँ। जिसके लिए तुमने अपने को मिटा दिया है।, वह तुम्हारे लिए बड़ा–से–बड़ा बलिदान करने से भी नहीं हिचकिचायेगा।

माधवी इसके लिए पहले ही से प्रस्तुत थी, तुरन्त बोली–स्वामीजी! मैं परम अबला और बुद्धिहीन स्त्री हूँ। परन्तु मैं आपको विश्वास दिलाती हूँ कि निज विलास का ध्यान आज तक एक पल के लिए भी मेरे मन में नहीं आया। यदि आपने यह विचार किया कि मेर प्रेम का उद्देश्य केवल यह है कि आपके चरणों में साँसारिक बन्धनों की बेड़ियाँ डाल दूँ, तो (हाथ जोड़कर) आपने इसका तत्व नहीं समझा। मेरे प्रेम का उद्देश्य वही था, जो आज मुझे प्राप्त हो गया। आज का दिन मेरे जीवन का सबसे शुभ दिन है। आज मैं अपने प्राणनाथ के सम्मुख खड़ी हूँ और अपने कानों से उनकी अमृतमयी वाणी सुन रही हूँ। स्वामीजी! मुझे। आशा न थी कि इस जीवन में मुझे यह दिन देखने का सौभाग्य होगा। यदि मेरे पास संसार का राज्य होता तो मैं इसी आनन्द से उसे आपके चरणों में समर्पण कर देती। मैं हाथ जोड़कर आपसे प्रार्थना करती हूँ

कि मुझे अब इन चरणों से अलग न कीजियेगा। मैं सन्यास ले लूँगी और आपके संग रहूँगी। वैरागिनी बनूँगी, भभूति रमाऊँगी; परन्त आपका संग न छोडूंगी। प्राणनाथ! मैंने बहुत दुःख सहे हैं, अब यह जलन नहीं सही जाती।

यह कहते–कहते माधवी का कंठ रुंध गया और आँखों से प्रेम की धारा बहने लगी। उससे वहाँ न बैठा गया। उठकर प्रणाम किया और विरजन के पास आकर बैठ गयी। वृजरानी ने उसे गले लगा लिया और पूछा–क्या बातचीत हुई?

माधवी–जो तुम चाहती थीं।

वृजरानी–सच, क्या बोले?

माधवी–यह न बताऊँगी।

वृजरानी को मानो पड़ा हुआ धन मिल गया। बोली–ईश्वर ने बहुत दिनों में मेरा मनारेथ पूरा किया। मैं अपने यहाँ से विवाह करूँगी।

माधवी नैराश्य भाव से मुस्करायी। विरजन ने कम्पित स्वर से कहा–हमको भूल तो न जायेगी? उसकी आँखों से आँसू बहने लगे। फिर वह स्वर सँभालकर बोली–हमसे तू बिछुड़ जायेगी।

माधवी–मैं तुम्हें छोड़कर कहीं न जाऊँगी।

विरजन–चल, बातें न बना।

माधवी–देख लेना।

विरजन–देखा है। जोड़ा कैसा पहनेगी?

माधवी–उज्ज्वल, जैसे बगुले का पर।

विरजन–सोहाग का जोड़ा केसरिया रंग का होता है।

माधवी–मेरा श्वेत रहेगा।

विरजन–तुझे चन्द्रहार बहुत भाता था। मैं अपना दे दूँगी।

माधवी–हार के स्थान पर कंठी दे देना।

विरजन–कैसी बातें कर रही है?

माधवी–अपने श्रृंगार की!

विरजन–तेरी बातें समझ में नहीं आतीं। तू इस समय इतनी उदास क्यों है? तूने इस रत्न के लिए कैसी–कैसी तपस्याएँ कीं, कैसा–कैसा योग साधा, कैसे–कैसे व्रत किये और तुझे जब वह रत्न मिल गया तो हर्षित नहीं दीख पड़ती!

माधवी–तुम विवाह की बातचीत करती हो इससे मुझे दुःख होता है।

विरजन–यह तो प्रसन्न होने की बात है।

माधवी–बहिन! मेरे भाग्य में प्रसन्नता लिखी ही नहीं! जो पक्षी बादलों में घोंसला बनाना चाहता है वह सर्वदा डालियों पर रहता है। मैंने निर्णय कर लिया है कि जीवन का यह शेष समय इसी प्रकार प्रेम का सपना देखने में काट दूँगी।

25.
विदाई

दूसरे दिन बालाजी स्थान–स्थान से निवृत होकर राजा धर्मसिंह की प्रतीक्षा करने लगे। आज राजघाट पर एक विशाल गोशाला का शिलारोपण होने वाला था, नगर की हाट–बाट और वीथियाँ मुस्कराती हुई जान पड़ती थीं। सड़क के दोनों पार्श्व में झण्डे और झंडिया लहरा रही थीं। गृहद्वार फूलों की माला पहिने स्वागत के लिए तैयार थे, क्योंकि आज उस स्वदेश–प्रेमी का शुभागमन है, जिसने अपना सर्वस्व देश के हित के लिये बलिदान कर दिया है।

हर्ष की देवी अपनी सखी–सहेलियों के संग टहल रही थी। वायु झूमती थी। दु:ख और विषाद का कहीं नाम न था। ठौर–ठौर पर बधाइयाँ बज रही थीं। पुरुष सुहावने वस्त्र पहने इठलाते थे। स्त्रीयाँ सोलह श्रृंगार किये मंगल–गीत गाती थीं। बालक–मण्डली केसरिया साफा धारण किये कलोलें करती थीं। हर पुरुष–स्त्री के मुख से प्रसन्नता झलक रही थी, क्योंकि आज एक सच्चे जाति–हितैषी का शुभागमन है जिसने अपना सर्वस्व जाति के हित में भेंट कर दिया है।

बालाजी अब अपने सुहृदों के संग राजघाट की ओर चले तो सूर्य भगवान ने पूर्व दिशा से निकलकर उनका स्वागत किया। उनका तेजस्वी मुखमण्डल ज्यों ही लोगों ने देखा सहत्रों मुखों से 'भारत माता की जय' का घोर शब्द सुनायी दिया और वायुमंडल को चीरता हुआ आकाश–शिखर तक

जा पहुंचा। घण्टों और शंखों की ध्वनि निनादित हुई और उत्सव का सरस राग वायु में गूंजने लगा। जिस प्रकार दीपक को देखते ही पतंग उसे घेर लेते हैं उसी प्रकार बालाजी को देखकर लोग बड़ी शीघ्रता से उनके चतुर्दिक एकत्र हो गये। भारत–सभा के सवा सौ सभ्यों ने अभिवादन किया। उनकी सुन्दर वादियाँ और मनचले घोड़ें नेत्रों में खूढे जाते थे। इस सभा का एक–एक सभ्य जाति का सच्चा हितैषी था और उसके उमंग भरे शब्द लोगों के चित्त को उत्साह से पूर्ण कर देते थे। सड़क के दोनों ओर दर्शकों की श्रेणी थी। बधाइयाँ बज रही थीं। पुष्प और मेवों की वृष्टि हो रही थी। ठौर–ठौर नगर की ललनाएँ श्रृंगार किये, स्वर्ण के थाल में कपूर, फूल और चन्दन लिये आरती करती जाती थीं। और दुकानें नवागता वधू की भाँति सुसज्जित थीं। सारा नगर अपनी सजावट से वाटिका को लज्जित करता था और जिस प्रकार श्रावण मास में काली घटाएं उठती हैं और रह–रहकर वन की गरज हृदय को कँपा देती है और उसी प्रकार जनता की उमंगवर्धक ध्वनि (भारत माता की जय) हृदय में उत्साह और उत्तेजना उत्पन्न करती थी। जब बालाजी चौक में पहुँचे तो उन्होंने एक अद्भुत दृश्य देखा। बालक–वृन्द ऊदे रंग के लेसदार कोट पहिने, केसरिया पगड़ी बाँधे हाथों में सुन्दर छड़ियाँ लिये मार्ग पर खड़े थे। बालाजी को देखते ही वे दस–दस की श्रेणियों में हो गये एवं अपने डण्डे बजाकर यह ओजस्वी गीत गाने लगेः–

बालाजी तेरा आना मुबारक होवे।
धनि–धनि भाग्य हैं इस नगरी के, धनि–धनि भाग्य हमारे।।
धनि–धनि इस नगरी के बासी जहाँ तव चरण पधारे।
बालाजी तेरा आना मुबारक होवे।।

कैसा चित्ताकर्षक दृश्य था। गीत यद्यपि साधारण था, परन्तु अनेक और सधे हुए स्वरों ने मिलकर उसे ऐसा मनोहर और प्रभावशाली बना दिया कि पांव रुक गये। चतुर्दिक सन्नाटा छा गया। सन्नाटे में यह राग ऐसा सुहावना प्रतीत होता था जैसे रात्रि के सन्नाटे में बुलबुल का चहकना। सारे दर्शक चित्र की भाँति खड़े थे। दीन भारतवासियों, तुमने ऐसे दृश्य कहाँ देखे? इस समय जी भरकर देख लो। तुम वेश्याओं के नृत्य–वाद्य से सन्तुष्ट हो गये।

वारांगनाओं की काम लीलाएँ बहुत देख चुके, खूब सैर सपाटे किये, परन्तु यह सच्चा आनन्द और यह सुखद उत्साह, जो इस समय तुम अनुभव कर रहे हो, तुम्हें कभी और भी प्राप्त हुआ था? मनमोहनी वेश्याओं के संगीत और सुन्दरियों का काम–कौतुक तुम्हारी वैषयिक इच्छाओं को उत्तेजित करते हैं। किन्तु तुम्हारे उत्साहों को और निर्बल बना देते हैं और ऐसे दृश्य तुम्हारे हृदयों में जातीयता और जाति अभिमान का संचार करते हैं। यदि तुमने अपने जीवन में एक बार भी यह दृश्य देखा है, तो उसका पवित्र चिह्न तुम्हारे हृदय से कभी नहीं मिटेगा।

बालाजी का दिव्य मुखमंडल आत्मिक आनन्द की ज्योति से प्रकाशित था और नेत्रों से जात्याभिमान की किरणें निकल रही थीं। जिस प्रकार कृषक अपने लहलहाते हुए खेत को देखकर आनन्दोन्मत्त हो जाता है, वही दशा इस समय बालाजी की थी। जब राग बन्द हो गया, तो उन्होंने कई डग आगे बढ़कर दो छोटे–छोटे बच्चों को उठा कर अपने कंधों पर बैठा लिया और बोले, 'भारत–माता की जय!'

इस प्रकार शनैः शनै लोग राजघाट पर एकत्र हुए। यहाँ गोशाला का एक गगनस्पर्शी विशाल भवन स्वागत के लिये खड़ा था। आँगन में मखमल का बिछावन बिछा हुआ था। गृहद्वार और स्तंभ फूल–पत्तियों से सुसज्जित खड़े थे। भवन के भीतर एक सहस्त्र गायें बंधी हुई थीं। बालाजी ने अपने हाथों से उनकी नाँदों में खली–भूसा डाला। उन्हें प्यार से थपकियाँ दीं। एक विस्तृत गृह में संगमरमर का अष्टभुज कुण्ड बना हुआ था। वह दूध से परिपूर्ण था। बालाजी ने एक चुल्लू दूध लेकर नेत्रों से लगाया और पान किया।।

अभी आँगन में लोग शान्ति से बैठने भी न पाये थे कई मनुष्य दौड़े हुए आये और बोले–पण्डित बदलू शास्त्री, सेठ उत्तमचन्द्र और लाला माखनलाल बाहर खड़े कोलाहल मचा रहे हैं और कहते हैं। कि हम को बालाजी से दो–दो बातें कर लेने दो। बदलू शास्त्री काशी के विख्यात पंण्डित थे। सुन्दर चन्द्र–तिलक लगाते, हरी बनात का अंगरखा परिधान करते और बसन्ती पगड़ी बाँधते थे। उत्तमचन्द्र और माखनलाल दोनों नगर के धनी और लक्षाधीश मनुष्य थे। उपाधि के लिए सहस्रों व्यय करते और मुख्य पदाधिकारियों का सम्मान

और सत्कार करना अपना प्रधान कर्तव्य जानते थे। इन महापुरुषों का नगर के मनुष्यों पर बड़ा दबाव था। बदलू शास्त्री जब कभी शास्त्रार्थ करते, तो निःसंदेह प्रतिवादी की पराजय होती। विशेषकर काशी के पण्डे और प्राग्वाल तथा इसी पन्थ के अन्य धामि तो उनके पसीने की जगह रुधिर बहाने को उद्यत रहते थे। शास्त्री जी काशी में हिन्दू धर्म के रक्षक और महान् स्तम्भ प्रसिद्ध थे। उत्त्मचन्द्र और माखनलाल भी धार्मिक उत्साह की मूर्ति थे। ये लोग बहुत दिनों से बालाजी से शास्त्रार्थ करने का अवसर ढूंढ रहे थे। आज उनका मनोरथ पूरा हुआ। पंडों और प्राग्वालों का एक दल लिये आ पहुँचे।

बालाजी ने इन महात्मा के आने का समाचार सुना तो बाहर निकल आये। परन्तु यहाँ की दशा विचित्र पायी। उभय पक्ष के लोग लाठियाँ सँभाले अँगरखे की बाँहें चढ़ाये गुँथने को उद्यत थे। शास्त्रीजी प्राग्वालों को भिड़ने के लिये ललकार रहे थे और सेठजी उच्च स्वर से कह रहे थे कि इन शूद्रों की धज्जियाँ उड़ा दो अभियोग चलेगा तो देखा जाएगा। तुम्हार बाल–बाँका न होने पायेगा। माखनलाल साहब गला फाड़–फाड़कर चिल्लाते थे कि निकल आये जिसे कुछ अभिमान हो। प्रत्येक को सब्जबाग दिखा दूँगा। बालाजी ने जब यह रंग देखा तो राजा धर्मसिंह से बोले–आप बदलू शास्त्री को जाकर समझा दीजिये कि वह इस दुष्टता को त्याग दें, अन्यथा दोनों पक्षवालों की हानि होगी और जगत में उपहास होगा सो अलग।

राजा साहब के नेत्रों से अग्नि बरस रही थी। बोले–इस पुरुष से बातें करने में मैं अपनी अप्रतिष्ठा समझता हूँ। उसे प्राग्वालों के समूहों का अभिमान है परन्तु मैं। आज उसका सारा मद चूर्ण कर देता हूँ। उनका अभिप्राय इसके अतिरिक्त और कुछ नहीं है कि वे आपके ऊपर वार करें। पर जब तक मैं और मेरे पाँच पुत्र जीवित हैं तब तक कोई आपकी ओर कुदृष्टि से नहीं देख सकता। आपके एक संकेत–मात्र की देर है। मैं पलक मारते उन्हें इस दुष्टता का स्वाद चखा दूंगा।

बालाजी जान गये कि यह वीर उमंग में आ गया है। राजपूत जब उमंग में आता है तो उसे मरने–मारने के अतिरिक्त और कुछ नहीं सूझता। बोले–राजा साहब, आप दूरदर्शी होकर ऐसे वचन कहते हैं? यह अवसर ऐसे

वचनों का नहीं है। आगे बढ़कर अपने आदमियों को रोकिये, नहीं तो परिणाम बुरा होगा।

बालाजी यह कहते–कहते अचानक रुक गये। समुद्र की तरंगों की भाँति लोग इधर–उधर से उमड़ते चले आते थे। हाथों में लाठियाँ थी और नेत्रों में रुधिर की लाली, मुखमंडल क्रुद्ध, भृकुटी कुटिल। देखते–देखते यह जन–समुदाय प्राग्वालों के सिर पर पहुँच गया। समय सन्निकट था कि लाठियाँ सिर को चूमे कि बालाजी विद्युत की भाँति लपककर एक घोड़े पर सवार हो गये और अति उच्च स्वर में बोले: 'भाइयो ! क्या अंधेर है? यदि मुझे आपना मित्र समझते हो तो झटपट हाथ नीचे कर लो और पैरों को एक इंच भी आगे न बढ़ने दो। मुझे अभिमान है कि तुम्हारे हृदयों में वीरोचित क्रोध और उमंग तरंगित हो रहे हैं। क्रोध एक पवित्र उद्वेग और पवित्र उत्साह है। परन्तु आत्म–संवरण उससे भी अधिक पवित्र धर्म है। इस समय अपने क्रोध को दृढ़ता से रोको। क्या तुम अपनी जाति के साथ कुल का कर्तव्य पालन कर चुके कि इस प्रकार प्राण विसर्जन करने पर कटिबद्ध हो क्या तुम दीपक लेकर भी कूप में गिरना चाहते हो? ये लोग तुम्हारे स्वदेश बान्धव और तुम्हारे ही रुधिर हैं। उन्हें अपना शत्रु मत समझो। यदि वे मूर्ख हैं तो उनकी मूर्खता का निवारण करना तुम्हारा कर्तव्य हैं। यदि वे तुम्हें अपशब्द कहें तो तुम बुरा मत मानो। यदि ये तुमसे युद्ध करने को प्रस्तुत हों तुम नम्रता से स्वीकार कर तो और एक चतुर वैद्य की भाँति अपने विचारहीन रोगियों की औषधि करने में तल्लीन हो जाओ। मेरी इस आशा के प्रतिकूल यदि तुममें से किसी ने हाथ उठाया तो वह जाति का शत्रु होगा।

इन समुचित शब्दों से चतुर्दिक शांति छा गयी। जो जहाँ था वह वहीं चित्रलिखित सा हो गया। इस मनुष्य के शब्दों में कहाँ का प्रभाव भरा था, जिसने पचास सहस्र मनुष्यों के उमड़ते हए उद्वेग को इस प्रकार शीतल कर दिया, जिस प्रकार कोई चतुर सारथी दुष्ट घोडों को रोक लेता हैं, और यह शक्ति उसे किसने की दी थी? न उसके सिर पर राजमुकुट था, न वह किसी सेना का नायक था। यह केवल उस पवित्र और निःस्वार्थ जाति सेवा का प्रताप था, जो उसने की थी। स्वजति सेवक के मान और प्रतिष्ठा का कारण

वे बलिदान होते हैं जो वह अपनी जति के लिए करता है। पण्डों और प्राग्वालों ने बालाजी का प्रतापवान रुप देखा और स्वर सुना, तो उनका क्रोध शान्त हो गया। जिस प्रकार सूर्य के निकलने से कुहरा फुर्र जाता है उसी प्रकार बालाजी के आने से विरोधियों की सेना तितर-बितर हो गयी। बहुत से मनुष्य-जो उपद्रव के उदेश्य से आये थे-श्रद्वापूर्वक बालाजी के चरणों में मस्तक झुका उनके अनुयायियों के वर्ग में सम्मिलित हो गये। बदलू शास्त्री ने बहुत चाहा कि वह पण्डों के पक्षपात और मूर्खरता को उत्तेजित करें, किन्तु सफलता न हुई।

उस समय बालाजी ने एक परम प्रभावशाली वक्तृता दी जिसका एक-एक शब्द आज तक सुननेवालों के हृदय पर अंकित है और जो भारत-वासियों के लिए सदा दीप का काम करेगी। बालाजी की वक्तृताएं प्राय: सारगर्भित हैं। परन्तु वह प्रतिभा, वह ओज जिससे यह वक्तृता अलंकृत है, उनके किसी व्याख्यान में दीख नहीं पड़ते। उन्होंने अपने वाकयों के जादू से थोड़ी ही देर में पण्डो को अहीरों और पासियों से गले मिला दिया। उस वकतृता के अंतिम शब्द थे:

यदि आप दृढता से कार्य करते जाएंगे तो अवश्य एक दिन आपको अभीष्ट सिद्धि का स्वर्ण स्तम्भ दिखायी देगा। परन्तु धैर्य को कभी हाथ से न जाने देना। दृढ़ता बडी प्रबल शक्ति है। दृढ़ता पुरुष के सब गुणों का राजा है। दृढता वीरता का एक प्रधान अंग है। इसे कदापि हाथ से न जाने देना। तुम्हारी परीक्षाएं होंगी। ऐसी दशा में दृढता के अतिरिक्त कोई विश्वासपात्र पथ-प्रदर्शक नहीं मिलेगा। दृढता यदि सफल न भी हो सके, तो संसार में अपना नाम छोड़ जाती है।

बालाजी ने घर पहुचकर समाचार-पत्र खोला, मुख पीला हो गया, और सकरुण हृदय से एक ठण्डी साँस निकल आयी। धर्मसिंह ने घबराकर पूछा-कुशल तो है।

बालाजी-सदिया में नदी का बांध फट गया दस सहस्त्र मनुष्य गृहहीन हो गये।

धर्मसिंह-ओ हो।

बालाजी–सहस्रों मनुष्य प्रवाह की भेंट हो गये। सारा नगर नष्ट हो गया। घरों की छतों पर नावें चल रही हैं। भारत सभा के लोग पहुँच गये हैं और यथा शक्ति लोगों की रक्षा कर रहें हैं, किन्तु उनकी संख्या बहुत कम है।

धर्मसिंह(सजलनयन होकर)–हे इश्वर। तू ही इन अनाथों का नाथ है। एक सहस्त्र गायें जल प्रवाह की भेंट हो गई। तीन घण्टे तक निरन्तर मूसलाधार पानी बरसता रहा सोलह इंच पानी गिरा। नगर के उत्तरीय विभाग में सारा नगर एकत्र हैं। न रहने को गृह है, न खाने को अन्न। शव की राशियां लगी हुई हैं। बहुत से लोग भूखे मर जाते हैं। लोगों के विलाप और करुणाक्रन्दन से कलेजा मुँह को आता है। सब उत्पात–पीड़ित मनुष्य बालाजी को बुलाने की रट लगा रहे हैं। उनका विचार यह है कि मेरे पहुँचने से उनके दुःख दूर हो जाएँगे।

कुछ काल तक बालाजी ध्यान में मग्न रहे, तत्पश्चात बोले–मेरा जाना आवश्यक है। मैं तुरंत जाऊँगा। आप सदिया की, 'भारत सभा' को तार दे दीजिये कि वह इस कार्य में मेरी सहायता करने को उद्यत् रहें।

राजा साहब ने सविनय निवेदन किया–आज्ञा हो तो मैं चलूं?

बालाजी–मैं पहुँचकर आपको सूचना दूंगा। मेरे विचार में आपके जानें की कोई आवश्यकता न होगी।

धर्मसिंह–उत्तम होता कि आप प्रातःकाल ही जाते।

बालाजी–नहीं। मुझे यहाँ एक क्षण भी ठहरना कठिन जान पड़ता है। अभी मुझे वहाँ तक पहुचने मे कई दिन लगेंगें।

पल–भर में नगर में ये समाचार फैल गया कि सदिया में बाढ़ आ गयी और बालाजी इस समय वहाँ जा रहें हैं। यह सुनते ही सहस्रों मनुष्य बालाजी को पहुँचाने के लिए निकल पड़े। नौ बजते–बजते द्वार पर पचीस सहस्र मनुष्यों का समुदाय एकत्र हो गया। सदिया की दुर्घटना प्रत्येक मनुष्य के मुख पर थी। लोग उन आपत्ति–पीड़ित मनुष्यों की दशा पर सहानुभूति और चिन्ता प्रकाशित कर रहे थे। सैकडों मनुष्य बालाजी के संग जाने को कटिबद्ध हुए। सदियावालों की सहायता के लिए एक फण्ड खोलने का परामर्श होने लगा।

उधर धर्मसिंह के अन्तः पुर में नगर की मुख्य प्रतिष्ठित स्त्रियों ने आज सुवामा को धन्यवाद देने के लिए एक सभा एकत्र की थी। उस उच्च प्रासाद का एक–एक कोना स्त्रियों से भरा हुआ था। प्रथम वृजरानी ने कई स्त्रियों के साथ एक मंगलमय सुहावना गीत गाया। उसके पीछे सब स्त्रियां मण्डल बांध कर गाते–बजाते आरती का थाल लिये सुवामा के गृह पर आयीं। सेवती और चन्दा अतिथि–सत्कार करने के लिए पहले ही से प्रस्तुत थीं सुवामा प्रत्येक महिला से गले मिली और उन्हें आर्शीवाद दिया कि तुम्हारे अंक में भी ऐसे ही सपूत बच्चे खेलें। फिर रानीजी ने उसकी आरती की और गाना होने लगा। आज माधवी का मुखमंडल पुष्प की भाँति खिला हुआ था। मात्र वह उदास और चिंतित न थी। आशाएं विष की गांठ हैं। उन्हीं आशाओं ने उसे कल रुलाया था। किन्तु आज उसका चित्र उन आशाओं से रिक्त हो गया है। इसलिए मुखमण्डल दिव्य और नेत्र विकसित है। निराश रहकर उस देवी ने सारी आयु काट दी, परन्तु आशापूर्ण रह कर उससे एक दिन का दुःख भी न सहा गया।

सुहावने रागों के आलाप से भवन गूंज रहा था कि अचानक सदिया का समाचार वहाँ भी पहुँचा और राजा धर्मसिंह यह कहते सुनायी दिये–आप लोग बालाजी को विदा करने के लिए तैयार हो जायें वे अभी सदिया जाते हैं।

यह सुनते ही अर्धरात्रि का सन्नाटा छा गया। सुवामा घबड़ाकर उठी और द्वार की ओर लपकी, मानों वह बालाजी को रोक लेगी। उसके संग सब –की–सब स्त्रियां उठ खडी हुईं और उसके पीछे –पीछे चलीं। वृजरानी ने कहा –चची। क्या उन्हें बरबस विदा करोगी? अभी तो वे अपने कमरे में हैं।

'मैं उन्हें न जाने दूँगी। विदा करना कैसा?

सुवामा–मैं क्या सदिया को लेकर चाटूंगी? भाड़ में जाए। मैं भी तो कोई हूँ? मेरा भी तो उन पर कोई अधिकार है?

वृजरानी –तुम्हें मेरी शपथ, इस समय ऐसी बातें न करना। सहस्रों मनुष्य केवल उनके भरासे पर जी रहें हैं। यह न जायेंगे तो प्रलय हो जायेगा।

माता की ममता ने मनुष्यत्व और जातित्व को दबा लिया था, परन्तु

वृजरानी ने समझा–बुझाकर उसे रोक लिया। सुवामा इस घटना को स्मरण करके सर्वदा पछताया करती थी। उसे आश्चर्य होता था कि मैं आपसे बाहर क्यों हो गयी। रानी जी ने पूछा–विरजन, बालाजी को कौन जयमाल पहिनायेगा?

विरजन –आप।

रानीजी–और तुम क्या करोगी?

विरजन –मैं उनके माथे पर तिलक लगाऊँगी।

रानीजी–माधवी कहाँ हैं?

विरजन (धीरे–से)–उसे न छेड़ो। बेचारी, अपने ध्यान में मग्न है। सुवामा को देखा तो निकट आकर उसके चरण स्पर्श किये। सुवामा ने उन्हें उठाकर हृदय से लगाया। कुछ कहना चाहती थी, परन्तु ममता से मुख न खोल सकी। रानी जी फूलों की जयमाल लेकर चली कि उसके कण्ठ में डाल दूं, किन्तु चरण थर्राये और आगे न बढ सकीं। वृजरानी चन्दन का थाल लेकर चली, परन्तु नेत्र–श्रावण द्यन की भाँति बरसने लगे। तब माधवी चली। उसके नेत्रों में प्रेम की झलक थी और मुँह पर प्रेम की लाली। अधरों पर मोहिनी मुस्कान झलक रही थी और मन प्रेमोन्माद में मग्न था। उसने बालाजी की ओर ऐसी चितवन से देखा, जो अपार प्रेम से भरी थी। तब सिर नीचा करके फूलों की जयमाला उसके गले में डाली। ललाट पर चन्दन का तिलक लगाया। लोक–संस्कार की न्यूनता, वह भी पूरी हो गयी। उस समय बालाजी ने गम्भीर साँस ली। उन्हें प्रतीत हुआ कि मैं अपार प्रेम के समुद्र में बहा जा रहा हूँ। धैर्य का लंगर उठ गया और उस मनुष्य की भाँति जो अकस्मात् जल में फिसल पड़ा हो, उन्होंने माधवी की बांह पकड़ ली। परन्तु हाँ :जिस तिनके का उन्होंने सहारा लिया वह स्वयं प्रेम की धार में तीव्र गति से बहा जा रहा था। उनका हाथ पकडते ही माधवी के रोम–रोम में बिजली दौड गयी। शरीर में स्वेद–बिन्दु झलकने लगे और जिस प्रकार वायु के झोंके से पुष्पदल पर पड़े हुए ओस के जलकण पृथ्वी पर गिर जाते हैं, उसी प्रकार माधवी के नेत्रों से अश्रु के बिन्दु बालाजी के हाथ पर टपक पड़े। प्रेम के मोती थे, जो उन मतवाली आँखों ने बालाजी को भेंट किये। आज से ये आंखें फिर न रोयेंगी।

आकाश पर तारे छिटके हुए थे और उनकी आड़ में बैठी हुई स्त्रियां यह दृश्य देख रही थीं, आज प्रातःकाल बालाजी के स्वागत में यह गीत गाया था:

बालाजी तेरा आना मुबारक होवे।

और इस समयी स्त्रियां अपने मन –भावन स्वरों से गा रहीं हैं :

बालाजी तेरा आना मुबारक होवे।

आना भी मुबारक था और जाना भी मुबारक है। आने के समय भी लोगों की आँखों से आँसू निकले थे और जाने के समय भी निकल रहे हैं। कल वे नवागत के अतिथि स्वागत के लिए आये थे। आज उसकी विदाई कर रहें हैं उनके रंग–रुप सब पूर्ववत हैं: परन्तु उनमें कितना अन्तर है।

26.

मतवाली योगिनी

माधवी पहले ही से मुरझायी हुई कली थी। निराशा ने उसे खाक में मिला दिया। बीस वर्ष की तपस्विनी योगिनी हो गयी। उस बेचारी का भी कैसा जीवन था कि या तो मन में कोई अभिलाषा ही उत्पन्न न हुई, या दुर्देव ने उसे कुसुमित न होने दिया। उसका प्रेम एक अपार समुद्र था। उसमें ऐसी बाढ आयी कि जीवन की आशाएं और अभिलाषाएँ सब नष्ट हो गयीं। उसने योगिनी के से वस्त्र पहिन लिये। वह सांसरिक बन्धनों से मुक्त हो गयी। संसार इन्ही इच्छाओं और आशाओं का दूसरा नाम है, जिसने उन्हें नैराश्य–नद में प्रवाहित कर दिया, उसे संसार में समझना भ्रम है।

इस प्रकार के मद से मतवाली योगिनी को एक स्थान पर शांति न मिलती थी। पुष्प की सुगन्धि की भाँति देश–देश भ्रमण करती और प्रेम के शब्द सुनाती फिरती थी। उसके पीत वर्ण पर गेरुए रंग का वस्त्र परम शोभा देता था। इस प्रेम की मूर्ति को देखकर लोगों के नेत्रों से अश्रु टपक पड़ते थे। जब अपनी वीणा बजाकर कोई गीत गाने लगती तो सुनने वालों के चित्त अनुराग में पग जाते थे उसका एक–एक शब्द प्रेम–रस डूबा होता था।

मतवाली योगिनी को बालाजी के नाम से प्रेम था। वह अपने पदों में प्रायः उन्हीं की कीर्ति सुनाती थी। जिस दिन से उसने योगिनी का वेष धारण किया और लोक–लाज को प्रेम के लिए परित्याग कर दिया, उसी दिन से उसकी जिह्वा पर माता सरस्वती बैठ गयीं। उसके सरस पदों को सुनने के

लिए लोग सैकडों कोस चले जाते थे। जिस प्रकार मुरली की ध्वनि सुनकर गोपियां घरों से व्याकुल होकर निकल पड़ती थीं उसी प्रकार इस योगिनी की तान सुनते ही श्रोताजनों का नद उमड़ पड़ता था। उसके पद सुनना आनन्द के प्याले पीना था।

इस योगिनी को किसी ने हँसते या रोते नहीं देखा। उसे न किसी बात पर हर्ष था, न किसी बात का विषाद। जिस मन में कामनाएं न हों, वह क्यों हँसे और क्यों रोये? उसका मुख–मण्डल आनन्द की मूर्ति था। उस पर दृष्टि पड़ते ही दर्शक के नेत्र पवित्र आनन्द से परिपूर्ण हो जाते थे।